GRILLEN

Köstliche Rezepte Für Vegetarier Und Liebhaber Einer Gesunden Küche

(Geniale Abwechslungsreiche Rezepte Für Den Gasgrill)

Marko Jung

Herausgegeben von Alex Howard

© **Marko Jung**

All Rights Reserved

Grillen: Köstliche Rezepte Für Vegetarier Und Liebhaber Einer Gesunden Küche (Geniale Abwechslungsreiche Rezepte Für Den Gasgrill)

ISBN 978-1-77485-039-8

☐Copyright 2021 - Alle Rechte vorbehalten.

Dieses Dokument zielt darauf ab, genaue und zuverlässige Informationen zu dem behandelten Thema und Themen bereitzustellen. Die Publikation wird mit dem Gedanken verkauft, dass der Verlag keine buchhalterischen, behördlich zugelassenen oder anderweitig qualifizierten Dienstleistungen erbringen muss. Wenn rechtliche oder berufliche Beratung erforderlich ist, sollte eine in diesem Beruf praktizierte Person bestellt werden.

- Aus einer Grundsatzerklärung, die von einem Ausschuss der American Bar Association und einem Ausschuss der Verlage und Verbände gleichermaßen angenommen und gebilligt wurde.

Es ist in keiner Weise legal, Teile dieses Dokuments in elektronischer Form oder in gedruckter Form zu reproduzieren, zu vervielfältigen oder zu übertragen. Das Aufzeichnen dieser Veröffentlichung ist strengstens untersagt und jegliche Speicherung dieses Dokuments ist nur mit schriftlicher Genehmigung des Herausgebers gestattet. Alle Rechte vorbehalten.

Die hierin bereitgestellten Informationen sind wahrheitsgemäß und konsistent, da jede Haftung in Bezug auf Unachtsamkeit oder auf andere Weise durch die Verwendung oder den Missbrauch von Richtlinien, Prozessen oder Anweisungen, die darin enthalten sind, in der alleinigen und vollständigen Verantwortung des Lesers des Empfängers liegt. In keinem Fall wird dem Verlag eine rechtliche Verantwortung oder Schuld für etwaige Reparaturen, Schäden oder Verluste auf Grund der hierin enthaltenen Informationen direkt oder indirekt angelastet.

Der Autor besitzt alle Urheberrechte, die nicht beim Verlag liegen.

Die hierin enthaltenen Informationen werden ausschließlich zu Informationszwecken angeboten und sind daher universell. Die Darstellung der Informationen erfolgt ohne Vertrag oder Gewährleistung jeglicher Art.

Die verwendeten Markenzeichen sind ohne Zustimmung und die Veröffentlichung der Marke ist ohne Erlaubnis oder Unterstützung durch den Markeninhaber. Alle Warenzeichen und Marken in diesem Buch dienen nur zu Erläuterungszwecken und gehören den Eigentümern selbst und sind nicht mit diesem Dokument verbunden.

Inhaltsverzeichnis

Welcher Grillrost eignet sich am Besten? 1

Welche Grillarten gibt es? 7

Gasgrill 8

    Vor- und Nachteile eines Gasgrills 8

    Gasgrill prüfen und zünden 9

    Welches Glas soll verwendet werden? 10

    Reinigung des Gasgrills 10

    Wenn der Gasgrill Feuer fängt 11

Rhabarber-Tomaten-Ketchup 13

Holunderschorle 15

Steinofenpizza für den Grill 16

Whiskey - Butter perfekt zu Steaks und allem anderen Gegrillten 18

Rostbratwurst mit Bierzwiebeln 19

Champignons vom Grill 20

Korianderöl 21

Italienischer Kräuterdip 22

Spicy Cocktailsauce 23

Zaziki 24

Marinierte Champignons vom Grill 25

Pitabrot vom Grill 26

Gefüllte Schweinemedaillons 28

Adana Kebap	29
Aprikosen-Dip	31
Honig-Ingwer-Glasur	32
Hot-Curry-Dog	33
Honig-Senfmarinade	35
Gefüllte Champignons vom Grill	36
Tofu-Obst-Spieße	37
Der exotische Hawai Burger	39
Stockbrot	40
Vegane Aioli	41
Puten-Salbei-Spieße	42
Porterhouse-Steak	43
Apfel-Chutney	44
Auberginenröllchen zum Grillen	45
Zucchini - Tomaten - Zwiebel – Puten-Spieße	47
Rosmarinkartoffeln vom Grill	49
Burger vom Grill	50
Kräutersauce	52
Ochsenkotelett mit Maiskolben	53
Gefüllte Champignons mit Hackfleisch und sonnengetrockneten Tomaten	55
Tomate-Basilikum-Aufstrich	57
Kartoffel - Grill – Spieß	58
Tintenfische mit Knoblauch	59

Gefüllter Spießbraten	60
Gefüllte Polpette mit Kressecreme	62
Bulgur-Avocado-Salat	64
Pintobohnenaufstrich	66
Mariniertes Grillgemüse am Spieß mit Safran	67
Zanderröllchen mit Zitronengras	69
Putenschaschliks Spieße	70
Ziegenkäse im Speckmantel	72
Wassermelonen-Feta-Salat	73
Hühnerspieße mit Speckpflaumen vom Grill	74
Hähnchenflügel mit Honigglasur	75
Gemüse-Bratwurst-Spieße	77
Crepinettes	78
Koteletts mit Senf Glasur	80
Fenchel-Spargel-Käse-Salat	82
Lamm vom Grill	83
Bruscetta	84
Pikante Hirschsteaks	85
Sepias mit Schafskäse	86
Hähnchenflügel	88
Fladenbrot	90
Hähnchen-Wraps mit Aioli	91
Gegrillter Tempeh mit Sojamarinade	93

Cevapcici	94
Brot-Chips	95
Umhüllte Backpflaumen	96
Bruschetta mit Grillgemüse	97
Hasenrücken im Heubet	98
Kürbis-Käse-Spieße	100
Adana Kebap	101
Grill Mayonnaise	102
Melonen-Garnelen-Spieße	103
Gegrillte Erdbeeren mit Schwips	105
Lachs mit Tomatenkruste	106
Süßkartoffel-Seitan-Spieße	108
Garnelenspieße mit Mango für den Grill	109
Grill – Marinade – Kalorienarme Version	110
Yakitori (japanische Hähnchenspieße) (Japan)	112
Weißer Bohnensalat mit Grillkäse	113
Kartoffelsteaks	115
Ananas-Garnelen-Spieße	117
Gegrillter Camembert mit Himbeersoße	119
Eisbombe vom Grill mit Champagner-Fruchtspieß	120
Grilled Emu (Australien)	122
Brokkolisalat	124
Brokkoli mit Zitrone vom Grill	126

Artischocken mit Gorgonzolasoße 128

Gegrillte Sojasteaks mit veganem Zaziki Dip 129

Brokkoli, Mandelsplitter und Zitrone 131

Leckere gegrillte Nektarine 132

Köstlicher Mutzbraten 133

Gefüllte Datteln im Speckmantel 135

Whiskey - Butter perfekt zu Steaks und allem anderen Gegrillten 136

Whiskey – Butter 137

Lammschaschlik 138

Gegrilltes Creme de Choco Eis 139

Scharfe Tomaten Champignon-Pfanne 140

Asiatische Hähnchenspieße mit Chinakohl 142

Tsatsiki mit Kichererbsen 144

Pitabrot vom Grill 145

Pitabrot vom Grill 147

Karottensalat mit Joghurt 148

Jakobsmuscheln serviert auf Spinat 150

Kebab Spieße 152

Filetspieße mit Zucchini 153

Limettenbutter mit Sauerkirschen 155

Tofu-Obst-Spieße 156

Spanische Kartoffelspieße 158

Zitronenhähnchen 159

Schaschlikspieße	161
Zucchini - Tomaten - Zwiebel – Puten-Spieße	162
Veganes Grillsteak	163
Hähnchen-Garnelen-Burger	166
Huhn und Caipirinha	168
Gegrilltes Huhn	169
Steak mit grüne Bohnen in Folie	171
Curry-Gewürzmischung	173
Spareribs	174
Gegrillte Schweinelende	175
Gegrillte Avocado	176
Schaschlik aus dem Kaukasus	178
Gegrillte Schweinelende	180
Fetapfanne vom Grill	181
Rosmarinkartoffeln	183
Singapore Rippchen	184
Barbecue-Soße, hausgemacht	186
Cole Slaw	188
Beef Brisket texanische Art	189

Welcher Grillrost eignet sich am Besten?

Man kann zwischen drei Varianten wählen: verchromt, Edelstahl und Gusseisen. Meist befindet sich ein verchromter Grillrost im neuen Gasgrill. Die Verchromung hat den Nachteil, dass sie nicht langlebig ist, dafür günstiger als die Variante aus Edelstahl. Aber wie immer im Leben ist günstig eben teuer. Das heißt: man entscheide sich lieber gleich für einen Gasgrill mit Edelstahl Grillrost. Der verchromte Grillrost wird mit der Zeit porös, Fleischreste beginnen am porösen Material zu haften. Und dann kommt irgendwann der Rost.

Das passiert mit einem Rost aus Edelstahl naturgemäß nicht. Zudem läßt sich ein Grillrost aus Edelstahl leichter reinigen. Ein weiterer Vorteil von Edelstahl ist, dass es sich höher erhitzt als verchromtes Metall. Die erwünschten Grillstreifen auf dem Steak kommen so zur Geltung.

Dann gibt es noch die Variante aus Gusseisen. Gusseisen eignet sich, wenn mit hohen Temperaturen gearbeitet wird. Gusseisen speichert Wärme besonders gut, das hat Vor- und Nachteile. Grillgut, das über einen längeren Zeitraum bei niedrigen Temperaturen zubereitet werden soll, kommt hierbei nicht gut weg.

Bei der Reinigung von Gusseisen ist Vorsicht geboten: keine zu harte Bürste oder Reinigungsmittel verwenden, da die Patina, die man mühsam eingebrannt hat sich sonst löst und man wieder Einbrennen muss. Gusseisen wird nur leicht abgewaschen, so dass die eingebrannte Fettschicht erhalten bleibt.

Welche Werkzeuge benötige ich?

Die oben bereits erwähnte Grillbürste ist unerlässlich. Bei der Anschaffung dieser sollte auch nicht gespart werden, denn eine gute Bürste hält sehr lange und macht einen guten Job. Wenn man die Hinweise zur Reinigung des Grills beachtet, schont das auch die Bürste und erhöht somit deren Lebensdauer.

Eine Grillzange zum Wenden des Grillguts ist ebenfalls ein Must-Have. Das Einstechen mit einer Gabel zum Wenden von beispielsweise einem Steak ist ein absolutes Nogo, da dabei der Saft verloren geht. Eine Grillzange muss es sein um ohne Verletzung der bereits vorhandenen Kruste ein Fleischstück zu wenden.

Einen Wender braucht man ebenfalls, auch wenn das Meiste mit der Zange erledigt werden kann. Fisch kann aber auseinanderfallen, fasst man ihn mit der Zange an, da eignet sich der Wender besser.

Will man auf dem Gasgrill Bratenstücke zubereiten oder einfach nur perfekte Steaks, benötigt man ein Einstichthermometer. Bei der Auswahl gibt es nichts besonderes zu beachten, die einzelnen Modelle unterscheiden sich nicht erheblich voneinander. Wer es perfekt mag, der kommt um die Anschaffung eines Kerntemperaturthermometers nicht herum, sogar beim simplen Grillen eines Schweinenackensteaks. Eine Einsatzwanne für Dinge, die in Fett ausgebacken werden sollen, ist auch eine Option. Wer auf Reibekuchen (Reiberdatschi, Rösti...) und Auszog'ne steht, der möchte auf dieses Accessoire sicher nicht verzichten.

Mit welchem Gas kann ich einen Gasgrill betreiben?

Propan eignet sich besser als Butan wegen der oben genannten Eigenschaft von Butan, sich um die Null Grad Marke zu verflüssigen. Meist ist in den handelsüblichen Gasflaschen ein Gemisch enthalten. Im Winter ist es daher eine gute Idee, die Gasflasche warm einzupacken. Hierzu stelle man sie einfach in eine Box und isoliere zusätzlich mit Decken.

Wozu brauche ich einen Seitenbrenner?

Der Seitenbrenner dient zum Erhitzen und Garen von allem, was nicht gegrillt, sondern gekocht oder gebraten wird. Wiener Würstchen erhitzen. Suppen kochen. Kartoffeln kochen. Saucen zubereiten. Ein Seitenbrenner ist sinnvoll, wenn man nicht immer wieder zwischen Küche und Grill hin und her Rennen möchte. Alles findet dann an einem Ort statt. Der

Seitenbrenner ist nicht der backburner, denn dieser ist ja senkrecht zur Grillfläche im Grillbereich angebracht und dient hauptsächlich in Kombination mit der Rotisserie zum rotierenden Grillen von Hähnchen, Gyros etc.

Was kann ich auf meinem Gasgrill alles zubereiten?

Der Gasgrill hat keinerlei Einschränkungen, was die Auswahl des Grillguts angeht. Theoretisch kann er den Herd in der Küche ersetzen. Allerdings braucht man dazu die volle Ausstattung, das bedeutet auf jeden Fall einen Seitenbrenner für Suppen, Saucen, Gedünstetes, Gekochtes, Gedämpftes. Auch Backen ist auf dem Gasgrill möglich, im indirekten Grillverfahren. Brot, Pizza, Kuchen - alles drin. Für Pommes frites gibt es einen Korb, der sich mit der Rotisserie dreht. Der Korb dreht sich vor dem backburner und die Pommes werden fettfrei knusprig. Popcorn kann auf die gleiche Weise zubereitet werden, es muss allerdings dann nachträglich gezuckert und gebuttert werden (oder gesalzen, denn auch mit der Frage nach gesalzenem oder gezuckertem Popcorn kann man Kriege auslösen).

Wie lange hält eine Gasflasche vor?

Man rechnet, dass eine 11kg Propangasflasche für 15 Stunden Grillvergnügen Feuer liefert. Das kann je nach Außentemperatur ein wenig variieren. Wichtig ist immer eine Ersatzflasche parat zu haben - für den Fall der Fälle.

Wie schließe ich eine Gasflasche richtig an?

Bei einer neuen Gasflasche befindet sich eine Ventilschutzkappe auf dem Ventil. Um diese zu entfernen, zieht man den Metallgriff nach hinten und hebt die Kappe ab. Darunter ist manchmal noch ein Plastiksiegel, das einfach abgezogen wird.

Der Schlauch, an dessen einem Ende das Gerät angeschlossen ist und am anderen der Druckminderer wird nun mit dem Anschluss jenseits des Druckminderers an das Ventil der Gasflasche geschraubt. Achtung Linksgewinde: also nach links zudrehen. Jetzt ist die Flasche Einsatz bereit.

Wie lange muss ein Gasgrill vorgeheizt werden?

Das geniale am Gasgrill: die Zeit, die er zum Vorheizen benötigt ist kurz! Im Gegensatz zum Holzkohlengrill, wo man ja warten muss, bis die Kohle glüht, beträgt die Vorheizzeit beim Gasgrill nur maximal 10 min.

Wie hoch ist die Lebensdauer eines Gasgrills?

Meist gibt die Herstellergarantie einen Anhaltspunkt. Wenn ein Hersteller 10 Jahre Garantie auf den Gasgrill gibt, dann kann man davon ausgehen, dass der Grill bei regelmäßiger Pflege (!) 10 Jahre auf jeden Fall durchsteht. Wichtig dabei ist die Pflege und das verwendete Material. Ein Gasgrill aus Edelstahl ist ganz sicher oben auf der Haltbarkeitsliste zu finden.

Was versteht man unter direktem bzw. indirektem Grillen?

Beim direkten Grillen sind eine hohe Temperatur (220° bis 300°C) und kurze Garzeit Satz. Der Deckel des Gasgrills bleibt dabei offen. Fleisch mit einer kurzen Garzeit wird mehrfach gewendet und ist in ca 10 Minuten fertig. Beim Wenden ist zu beachten, dass man nicht mit einer Gabel durch bereits geschlossene Poren stechen sollte, denn dann trocknet das Grillgut aus. Vielmehr benötigt man eine Grillzange um die Fleischstücke zu wenden.

Beim indirekten Grillen kommen niedrigere Temperaturen (bis zu 200°C) und eine längere Garzeit ins Spiel. Das Grillgut wird hierbei über einem ausgeschalteten Brenner platziert. Die anderen Brenner werden so eingestellt, dass das sich im Deckel befindliche Thermometer bei geschlossenem Deckel die gewünschte Temperatur anzeigt. So funktioniert der Gasgrill wie ein Backofen in Umluftstellung, und es können auch Brote, Kuchen und andere Ofengerichte zubereitet werden.

Welche Garmethoden gibt es?

Direktes und indirektes Grillen wie in der vorhergehenden Frage beantwortet sind zwei Garmethoden. Alle anderen Garmethoden wie Dämpfen, Kochen, Blanchieren und Dünsten können auf einem Gasgrill ausgeführt werden, wenn der Gasgrill einen Seitenbrenner hat. Allein beim Vakuumgaren oder Überbacken kommt der Gasgrill an seine Grenzen.

Welche Zusätze brauche ich?

Das kommt ganz auf den individuellen Geschmack an. Manche Menschen mögen eine Vielzahl an Fertigsaucen, andere bevorzugen eine hausgemachte Sauce Béarnaise. Salz und Pfeffer verstehen sich von selbst und in Kombination mit einem Zweig Rosmarin und einer Zehe Knoblauch kann das auch schon ausreichen für ein fantastisch schmeckendes Steak.

Welche Grillarten gibt es?

Die Arten von Grills können grob in drei Kategorien unterteilt werden. Es gibt Gas-, Holzkohle- und Elektrogrills auf dem Markt. Welcher Grilltyp ist jedoch für welchen Grilltyp geeignet? Spätestens in der neuen Grillsaison müssen sich viele Grillbegeisterte nach der richtigen Grillmethode erkundigen. Suchen Sie noch einen Grill, der zu Ihrer bevorzugten Grillmethode passt?

Gasgrill

Der Gasgrill gesund, rauchfrei und schnelles grillen. Der Gasgrill bietet die besten Voraussetzungen für eine gesunde und schonende Zubereitung - kein Rauch. Obwohl diese Vorteile wichtig sind, sind nicht alle Grillbegeisterten der gleichen Meinung. Aus diesem Grund ist der Gasgrill nicht bei jedem Grillmeister so beliebt - sei es ein Hobby oder ein professioneller Grill. Ein großer Vorteil wäre das Sie keinen Grillanzünder benötigen. Des Weiteren müssen Sie nicht lange warten, bis sich die Holzkohle erwärmt hat. Daher kann auch das spontane Grillen mit Gasgrills problemlos durchgeführt werden.

Vor- und Nachteile eines Gasgrills

Vorteile:

- Schnelles Anheizen
- Keine Rauchentwicklung
- Öl und Fett können nicht in Glut tropfen
- Einfache und schnelle Reinigung
- Temperaturregulierung per Knopfdruck

- Aromachips verleihen Grillaroma

Nachteile:

- Kein typisches Grillaroma (Holzaroma)
- Etwas teurer als andere Grilltypen
- Für mobiles Grillen eher ungeeignet

Gasgrill prüfen und zünden

Überprüfen Sie vor dem Start alle Schläuche und Leitungen auf Risse oder Löcher und stellen Sie sicher, dass alle Zubehörteile ordnungsgemäß funktionieren. Wenn die Gasflasche richtig angeschlossen ist und alle Bedienknöpfe geschlossen sind, öffnen Sie das Gasventil - nur eine Umdrehung. Daher können Sie es bei Bedarf schnell ausschalten. Stellen Sie den ersten Regler auf die höchste Stufe und warten Sie ca. 3 Sekunden, bevor Sie den Zündknopf erneut drücken. Jetzt sammelt sich Gas in der Zünd-kammer. Es ist unbedingt darauf zu achten, dass der Grilldeckel während des Zündens geöffnet ist. Wenn der Deckel geschlossen ist, kann es zu einer Verpuffung kommen. Halten Sie genügend Abstande beim Zünden. Während der Zündung sollte nur einer der Brenner eingeschaltet sein. Aktivieren Sie andere Brenner (falls vorhanden) erst nach der Zündung. Nachdem der Gasgrill angezündet ist, können Sie den Deckel schließen und auf die gewünschte Grilltemperatur erwärmen.

Welches Glas soll verwendet werden?

Propan oder Butangas geeignet. Die Preise dieser beiden Gase unterscheiden sich nicht nur, sondern auch ihre Entflammbarkeit und Energieausbeute. Wenn Sie im Sommer grillen möchten, spielt es keine Rolle, welches Gas Sie wählen. Propangas ist jedoch im Allgemeinen billiger. Ein Nachteil von Propangas besteht darin, dass die Gasflasche schwerer ist als die gleiche Menge Butangas. Daher können Sie normalerweise eine Mischung aus zwei Gasen bei einem Einzelhändler kaufen. Butan ist nicht zum Wintergrillen geeignet, hier müssen Sie Propan verwenden. Propan bleibt auch bei Temperaturen von minus null bis -40 ° C flüssig, aber Butan darf bei 0 ° C nicht mehr flüssig werden.

Reinigung des Gasgrills

Schließen Sie nach dem Grillen zuerst das Gasventil an der Flasche. Warten Sie nun einige Sekunden, bis die Flamme am Brenner erlischt. Jetzt können Sie die Steuerung ausschalten und sicherstellen, dass sich kein Restgas in der Rohrleitung befindet. Wischen Sie den Grillrost am besten ab, wenn er warm ist. Hierfür eignen sich Drahtbürsten. Leeren Sie die Fettwanne und entfernen Sie das Öl oder Fett im Grill. Wichtig: Verwenden Sie keine chemischen Reinigungsmittel in Innenräumen des Gasgrills.

Wenn der Gasgrill Feuer fängt

Einmal nicht Acht gegeben und schon ist es passiert, der Gasgrill brennt? In der Tat ist dies eine Aus-nahme. Im Notfall sollten Sie jedoch immer einen leicht zugänglichen Feuerlöscher bereitstellen. Dies sollte zum Löschen von Fettbränden geeignet sein, nämlich Bränden der Klasse F.

Holzkohlegrill

Der Holzkohlegrill ist ein klassischer Grilltyp. Noch heute sind Holzkohlegrills an der Spitze un-geschlagen und sehr beliebt. Das Grillen mit Holzkohle ist für die meisten Grillbegeisterten ein beispielloser Geschmack, der durch den Rauchgeruch verursacht wird. Etwa 85% der deutschen Grillbesitzer besitzen Holzkohlegrills.

Es gibt viele Typen an Holzkohlegrills. Auf dem Markt finden Sie Grillgeräte, die für verschiedene Anforderungen geeignet sind und mit Holzkohle befeuert werden können. Vom kompakten, leicht transportierbaren Tischgrill bis hin zum großen Smoker, gibt es den Holzkohlegrill. Die Auswahl ist riesig.

Rhabarber-Tomaten-Ketchup

ERGIBT ETWA 1 GLAS
VORBEREITUNGSZEIT: 10 MIN.
ZUBEREITUNGSZEIT: 2:30 STUNDEN

650 g Rhabarber, geschält und in feine Ringe geschnitten
220 ml Wasser
180 g Tomaten, passiert
800 g Tomaten, geschält
100 g brauner Zucker
110 ml Apfelessig
1 TL schwarze Pfefferkörner
1 TL Senfkörner
2 Lorbeerblätter
1 Zimtstange
1 TL Nelken
2 EL Olivenöl
1 Zwiebel
2 Knoblauchzehen
½ Teelöffel Pimentkörner
¼ TL Cayennepfeffer
1½ TL Salz

ZUBEHÖR:
PÜRIERSTAB
EINMACHGLÄSER

Rhabarber Ringe In einem großen Topf mit 220 ml Wasser bei
mittlerer Stufe erhitzen. Ca. 10-15 Min. köcheln lassen und in eine Schüssel geben.
Öl in einer tiefen Pfanne bei mittlerer Hitze erhitzen, Zwiebel dazu geben. Für 5 Minuten andünsten. Tomaten und Rhabarber unterrühren und mit einem Pürierstab pürieren. Zucker, Apfelessig und Salz dazugeben.
Die restlichen Gewürze in ein kleines Mulltuch einschlagen und mit Küchengarn zu einem „Gewürzsäckchen" zusammenbinden. Gewürzsäckchen in die Tomaten-Rhabarber-Masse geben.
Mischung kurz aufkochen. Anschließend bei geringer Hitze etwa 1½ - 2 Stunden köcheln lassen, dabei gelegentlich umrühren, bis die Masse eine dickflüssige, püreeähnliche Konsistenz gewinnt.
Mit Salz und Pfeffer abschmecken und in abgekochte Einmachgläser abfüllen. Der fertige Ketchup hält sich im Kühlschrank bis zu 1 Monat.

Holunderschorle

10 EL Holundersaft
1 Liter Apfelsaft
500 ml Mineralwasser
Alle Zutaten zusammen in einem großen Krug vermischen und durchrühren. Mit etwas Eis servieren.

Steinofenpizza für den Grill

Dauer: 55 Minuten

Portionen: Für vier Personen

Zutaten:
450g Pizzamehl
50g Hartweizengrieß
250ml Wasser
15g Meersalz
5g Hefe
1 Dose passierte Tomaten
100ml trockener Rotwein
2 Schalotten
5 Esslöffel natives Olivenöl
4 Esslöffel Tomatenmark
4 Esslöffel Oregano
3 Teelöffel Salz
1 Prise Pfeffer
6 Teelöffel Zucker
200g geriebener Käse
1 Prise Basilikum

So wird es gemacht:
Für den Pizzateig: Hefe im Wasser auflösen. Nun nach und nach Mehl, Grieß und Salz in eine Schüssel geben und miteinander vermengen. Hefewasser dazugeben und alles zu einer homogenen Masse verarbeiten. Für 30 Minuten zugedeckt ruhenlassen. Anschließend die

Hände leicht anfeuchten und aus dem Teig zwei Kugeln formen und diese dann ausrollen. Für weitere 90 Minuten ruhenlassen.

Für die Sauce: Schalotte waschen, schälen und fein hacken. Knoblauch schälen, waschen und fein hacken. Olivenöl in einem kleinen Topf erhitzen und beides darin andünsten. Anschließend Mark und passierte Tomaten dazugeben und mit Rotwein ablöschen. Mit Salz, Pfeffer, Zucker und Oregano würzen und wieder gut miteinander vermengen. Für 30 Minuten bei leichter Hitze dickflüssig köcheln lassen.

Die Pizza mit der Sauce bestreichen und mit geriebenen Käse belegen. Basilikum und Oregano drauf verteilen und für 20 Minuten auf dem Grill backen.

Whiskey - Butter perfekt zu Steaks und allem anderen Gegrillten

Zutaten

250 gButter
1 kleinerote Zwiebel
1Knoblauchzehe
1 ELflüssiger Honig
2 ELirischer Whiskey
Pfeffer, schwarzer aus der Mühle
Meersalz

Zubereitung

Die handwarme Butter in eine Schüssel geben.
Honig und Whiskey zu der Butter geben. Zwiebel und Knoblauch feinhacken und ebenfalls hinzugeben.
Die Mischung nun mit einer Gabel komplett durchmischen. Nach Geschmack mit Pfeffer und Meersalz abschmecken.
In einer kleinen Dose abfüllen und im Kühlschrank kaltstellen.

Rostbratwurst mit Bierzwiebeln

Zutaten:
4 Bratwürste
4 Zwiebeln
250 ml Bier
50 g Butter
etwas Paprikapulver
1 EL Öl
Salz
Pfeffer

Zubereitung:
Zwiebeln schälen und klein schneiden.
Öl in Pfanne erhitzen.
Zwiebel hinzufügen.
mit Paprikapulver würzen.
mit Bier ablöschen.
geschmorte Bierzwiebeln salzen und pfeffern.
Butterstückchen hinzugeben.
Bratwurst auf den Grill geben.
mit Zwiebeln anrichten.

Champignons vom Grill

Dauer: 20 Minuten

Portionen: Für sechs Personen

Zutaten:

500g Champignons
4 Knoblauchzehen
4 EL Sojasauce
5 EL Sonnenblumenöl
1 Prise Salz
1 Prise Pfeffer

So wird es gemacht:

Champignons putzen. Knoblauch waschen, schälen und fein hacken. Knoblauch, Öl, Sojasauce und Gewürze in eine Schüssel geben und miteinander vermengen.
Champignons dazugeben und alles gut miteinander vermischen.
Champignons in Alufolie umwickeln und für einige Minuten auf den Grill geben.

Korianderöl

Zutaten: für 160 ml
30 g Koriandergrün mit Stielen, fein gehackt
130 ml Olivenöl

Zubereitung:

Alles miteinander vermischen und 20 Minuten durchziehen lassen.

Italienischer Kräuterdip

Zutaten für 4 Personen:

375 g Quark (Magerstufe)
3 EL Milch
2 Stiele Thymian
2 Stiele Oregano
Salz und Pfeffer
Italienische Gewürzmischung

Zubereitung:

Thymian und Oregano waschen, trocknen, Blätter abzupfen und fein hacken. Den Quark in eine Schüssel geben und die Milch dazugießen, alles gut verrühren und leicht cremig schlagen.
Mit Salz, Pfeffer und der Kräutermischung die Masse abschmecken. Zuletzt die gehackten Kräuter dazugeben, verrühren und in den Kühlschrank stellen.

Spicy Cocktailsauce

ERGIBT ETWA 1 GLAS
ZUBEREITUNGSZEIT: 5 MIN.

120 g Mayonnaise
35 g Ketchup
½ EL Sriracha Sauce
½ TL Dijon Senf
½ EL Worcestershire Sauce
½ TL Chili Sauce
½ TL Knoblauchpulver
¼ TL Pfeffer
1 EL Zitronensaft

ZUBEHÖR:
SCHNEEBESEN

Alle Zutaten, bis auf Zitronensaft, mit einem Schneebesen verrühren.
Zitronensaft nach Geschmack dazugeben und unterrühren.

Zaziki

2 Salatgurken, geschält, fein geraspelt
4 Knoblauchzehen, gepresst
800 g griechischen Joghurt
4 Esslöffel Olivenöl
1 Handvoll frischer Dill, fein gehackt
Salz

In einer großen Schüssel alle Zutaten mit einer Gabel oder besser mit einem Handmixer zu einer eher flüssigeren Soße vermengen. Zum Schluss noch mit Salz abschmecken.

Zaziki eignet sich wunderbar zu allen Arten von Grillgerichten!

Marinierte Champignons vom Grill

Dauer: 30 Minuten

Portionen: Für vier Personen

Zutaten:
500g Champignons
100ml Olivenöl
3 Knoblauchzehen
4 Esslöffel Sojasauce
2 Esslöffel Honig
1 Teelöffel getrockneter Oregano
1 Teelöffel getrockneter Thymian

So wird es gemacht:
Champignons putzen und beiseite stellen.
Knoblauch schälen, waschen und in feine Scheiben schneiden.
Olivenöl, Sojasauce, Honig und die Gewürze in eine Schüssel geben und zu einer Marinade verarbeiten.
Champignons und Knoblauch für mindestens vier Stunden marinieren lassen.
Anschließend auf eine Alufolie geben und für 15 Minuten auf den Grill legen.

Pitabrot vom Grill

Zutaten

250 gMehl
250 mllauwarmes Wasser
10 gZucker
2 ELOlivenöl
1 Pck..Trockenhefe
etwas Salz
etwas Olivenöl, für die Schüssel

Zubereitung

Geben Sie den Zucker mit dem lauwarmen Wasser und der Hefe in eine Schüssel.
Für ca. 15 Minuten an einem warmen Ort gehen lassen.
Das Mehl mit der Hefe-Wasser-Zucker-Mischung langsam für 10 Minuten in der Küchenmaschine oder mit den Händen verkneten.
Geben Sie nun etwas Salz hinzu.
In eine mit Olivenöl ausgestrichenen Schüssel geben und mit einem Tuch bedecken und für weitere 30 Minuten an einem warmen Ort gehen lassen, bis der Teig sein Volumen verdoppelt hat.
Anschließend den Teig erneut kurz durchkneten und in 10 - 12 Stücke teilen.
Jedes Stück zu einem Fladen ausrollen. Sie sollten jedoch noch ca. ½ cm dick sein.

Die Fladen nochmals ca. 20 Minuten gehen lassen und dann bei mittlerer Hitze auf dem Grill ca. 2 - 3 Minuten pro Seite grillen.

Gefüllte Schweinemedaillons

Zutaten:
300 g Schweinefilets
350 g Strauchtomaten
60 g Blauschimmelkäse
8 Rosmarinzweige
1 Knoblauchzehe
4 EL Olivenöl
Zucker
Salz

Zubereitung:
Aus Filets Medaillons fertigen.
Taschen in die Medaillons schneiden und aufklappen und mit Pfeffer würzen.
Käse in die Fleischtaschen geben und mit Rosmarinzweigen fixieren
Tomaten und Knoblauch waschen und zerkleinern.
Tomatenscheiben, Knoblauchscheiben, 2 EL Öl und Rosmarinnadeln vermengen
mit Salz, Pfeffer und Zucker verfeinern
zum Garen auf den Grill geben
etwas Öl in eine Aluschale geben
Medaillons in die Aluschale legen und kurz angrillen und gelegentlich wenden.
Am ende salzen und pfeffern.

Adana Kebap

Dauer: 25 Minuten

Portionen: Für sechs Personen

Zutaten:

1 Kilo Hackfleisch

2 Zwiebeln

3 Chilischoten

4 Knoblauchzehen

1 Bund Petersilie

1 Prise Salz

1 Prise Kreuzkümmel

1 EL Paprikamark

½ Zitronen, Saft und Abrieb

So wird es gemacht:

Zwiebel schälen, waschen und fein reiben. Chilischote waschen, längs halbieren, entkernen und zu Mus verarbeiten. Knoblauch schälen, waschen und zu Mus verarbeiten. Petersilie waschen, abtropfen lassen und fein hacken.

Alle Zutaten in eine Schüssel geben und zu einer homogenen Masse verarbeiten. Masse für mehrere Stunden im Kühlschrank durchziehen lassen.

150g Laibe formen und mit Holzspießen aufspießen.

Auf den Grill geben und von allen Seiten anbraten.

Aprikosen-Dip

Zutaten:
8 getrocknete Aprikosen
½ Bund Schnittlauch
300 g Frischkäse natur
100 g Speisequark mager
2 EL Olivenöl
Prise Currypulver
Prise Salz und Pfeffer

Zubereitung:

Die Aprikosen fein hacken. Den Schnittlauch in feine Ringe schneiden. Frischkäse und Speisequark mit Olivenöl glatt rühren. Die Frischkäse-Masse mit den Aprikosen und dem Schnittlauch verrühren. Mit Currypulver, Salz und Pfeffer würzen.

Honig-Ingwer-Glasur

Zutaten:

50 g Honig
Saft von ½ Zitrone
2 EL Pflanzenöl
1 TL scharfen Senf
3 cm fein gehackte Ingwerwurzel
2 cl Sherry

Zubereitung:

Alle Zutaten in einer kleinen Schüssel vermischen. Schweine-, Geflügel- und Kalbfleisch wird damit besonders pikant.

Hot-Curry-Dog

FÜR 8 PERSONEN
ZUBEREITUNGSZEIT: 10 MIN.
GRILLZEIT: 5 BIS 7 MIN.

ZUTATEN FÜR DIE REMOULADE:

125 g eingelegte Gurken (im Glas)
½ Mango (ca. 125 g), geschält und mit einer Gabel fein zerdrückt
100 g Vollmilch-Joghurt
100 g Salat-Mayonnaise
1½ TL Currypulver
½ EL Zitronensaft
½ TL Sambal Oelek
Salz und Pfeffer

ZUTATEN FÜR DEN SALAT:

1 Dose Gemüsemais, abgetropft
150 g Lauchzwiebeln, gewaschen und in feine Ringe geschnitten
1 Avocado, entkernt und gewürfelt
2 EL Zitronensaft

8 Hotdog-Würstchen aus Rindfleisch, je etwa 100 g
8 Hotdog-Brötchen, der Länge nach zur Hälfte aufgeschnitten

3 EL Öl
1 TL getrocknete rote Chiliflocken
8 EL Röstzwiebeln
Zucker

Alle Zutaten für die Remoulade in einer mittel großen Schüssel vermengen und mit Salz und Pfeffer abschmecken. Kühl beiseitestellen.

Für den Salat Mais, Lauchzwiebeln, Avocado, Chiliflocken und 2 EL Zitronensaft vermengen. Mit Salz und Pfeffer würzen. Beiseitestellen.
Die Hotdog-Würstchen mehrmals schräg einschneiden.
Den Gasgrill für direkte mittlere Hitze (180–230 °C) erhitzen.
Die Würstchen über direkter mittlerer Hitze bei geschlossenem
Deckel 5–7 Min. grillen, bis sie außen ein leichtes Grillmuster angenommen haben und innen heiß sind, dabei gelegentlich wenden. In der letzten Minute die Brötchen mit der Schnittfläche nach unten über direkter Hitze rösten.
Die Hotdog-Brötchen von innen mit Remoulade bestreichen, Hotdogs verteilt in die Brötchen legen. Salat gleichmäßig darauf verteilen. Restliche Remoulade daraufgeben. Mit Röstzwiebeln bestreut. Warm servieren.

Honig-Senfmarinade

4 EL Honig
15 EL Senf
2 Zwiebeln, fein gehackt
Saft von 2 Zitronen
jeweils 1 Prise Salz, Pfeffer, Zimt und Muskatnuss
5 EL Öl

Den Senf, Honig und das Öl in einer kleinen Schüssel miteinander vermischen. Den Saft der Zitronen hinzugeben und verrühren. Die Zwiebeln in die Marinade geben. Alles mit Pfeffer, Salz, Zimt und Muskat abschmecken.
In einem Hochleistungsmixer zu einer flüssigen Marinade pürieren.

Gefüllte Champignons vom Grill

Dauer: 60 Minuten

Portionen: Für vier Personen

Zutaten:
150g Fetakäse
1 Teelöffel Gewürzmischung
1 Tomate
8 Champignons

So wird es gemacht:
Tomaten in heißes Wasser geben und anschließend Haut abziehen. Strunk entfernen und das Innere entfernen und anschließend fein würfeln.
Champignons putzen und die Stiele entfernen.
Käse leicht zerbröseln und mit Tomaten und der Gewürzmischung in eine Schüssel geben und mit einer Gabel zu einer Masse verarbeiten. Die Champignons anschließend mit der Masse befüllen.

Tofu-Obst-Spieße

Zutaten

300 g Tofu
4 Spieße
8 EL Sojasauce
2 EL Wasser
1 TL Ingwerpulver
1/2 TL Curcuma
1/2 TL Curry
rotes Obst oder Gemüse (rote Paprika, rote Zwiebeln, Kirschen, Erdbeeren usw.)

Zubereitung

Den Tofu in zwei Zentimeter große Würfel schneiden.
Aus Sojasauce, Wasser und den Gewürzen eine kräftige Marinade anrühren und die Tofuwürfel darin mindestens zwei Stunden lang einlegen. Sie nehmen dabei, außer einem guten Geschmack, auch eine gelbe Farbe an.
Den Tofu herausnehmen, gut abtropfen lassen und die Würfel von allen Seiten knusprig anbraten. Das kann entweder mit etwas Öl in einer Pfanne geschehen (wenn die Spieße schon vorbereitet werden sollen) oder auf dem Grill.

Die Tofuwürfel abwechselnd mit den roten Obst- oder Gemüsestücken auf Spieße stecken und auf dem Grill garen

Der exotische Hawai Burger

Zutaten:

4 Salatblätter
4 Sesam-Burgerbrötchen
4 <u>Burger-Patties</u>
4 Scheiben Käse
4 Scheiben Ananas
8 Scheiben Bacon (optional)
BBQ-Sauce

Zubereitung:
Zuerst die Burger-Patties bei starker Hitze von jeder Seite etwa 2 Minuten grillen und danach noch anschließend etwas ruhen lassen. Dabei kann jedoch der Käse schon auf die Patties gelegt werden, damit dieser leicht anschmelzen kann. Den Bacon ebenfalls schön kross werden lassen. Die Ananasscheiben allerdings nur maximal 2 Minuten grillen.

Die Brötchenhälften können in der Zwischenzeit schon einmal mit BBQ-Sauce bestreichen werden. Danach Mit Salatblatt, Burgerpatty und Ananas belegen. Den krossen Bacon oben auf legen. Die andere Brötchenhälfte rauf und fertig ist der leckerer Hawaii-Burger.

Stockbrot

Dauer: 80 Minuten

Portionen: Für sechs Personen

Zutaten:

400g Mehl
1 Packung Trockenhefe
1 EL Zucker
300ml Milch
1 Prise Salz
2 EL Öl

So wird es gemacht:

Alle Zutaten in eine Schüssel geben und zu einer homogenen Masse verarbeiten. Den Teig für 15 Minuten zugedeckt ruhen lassen.
Hände leicht anfeuchten und 12 Laibe formen und diese mit Holzspießen aufziehen.
Für 10 Minuten jeweils auf dem Grill backen.

Vegane Aioli

Zutaten für 160 ml
100 ml zimmerwarme Sojamilch
2 Knoblauchzehen, geschält
½ TL Salz
200 ml Rapsöl
Prise Cayennepfeffer
Prise Salz
1 Spritzer Zitronensaft

Zubereitung:

Sojamilch, Knoblauchzehen, ½ TL Salz in einen hohen Mixbecher geben. Mit dem Schneidstab pürieren. Das Rapsöl unter ständigem Mixen in sehr dünnem Strahl nach und nach dazugegeben, bis eine cremige Aioli entsteht. Mit Cayennepfeffer, Zitronensaft und Salz abschmecken.

Puten-Salbei-Spieße

Zutaten für 12 Spieße:

1 kg Putenbrust
4 Stiele Salbei
1 Zwiebel
3 EL Öl
1 EL Zitronensaft
Salz
1 Zitrone
6 Scheiben Frühstückspeck

Zubereitung:

Putenfleisch unter kaltem Wasser abwaschen, trocken tupfen und in Würfel schneiden. Salbei waschen, trocknen, Blätter abzupfen.
Zwiebel schälen und würfeln. Alles mit Öl, Zitronensaft, Salz vermischen. Für 1 Stunde ziehen lassen. In der Zwischenzeit Zitrone waschen, in Scheiben schneiden.
Speck halbieren. Das marinierte Fleisch mit Speck und Zitronenscheiben abwechselnd auf die Spieße stecken. Auf dem heißen Grill für 8-10 Minuten grillen.

Porterhouse-Steak

FÜR 4 PERSONEN
ZUBEREITUNGSZEIT: 10 MIN.
GRILLZEIT: 6 BIS 8 MIN.

4 Porterhouse-Steaks, je etwa 450 g schwer und 2,5 cm dick, überschüssiges Fett entfernt
Olivenöl
Salz und Pfeffer
Rosmarin
4 EL (60 g) kalte Butter
2 kleine Schalotten, fein gewürfelt

Den Gasgrill für direkte starke Hitze (230–290 °C) erhitzen.
In einer mittelgroßen beschichteten Pfanne 1 EL kalte Butter auf mittlerer Stufe erhitzen und die Schalotten darin mit Rosmarin 2–3 Min. andünsten, bis sie weich sind und etwas Farbe angenommen haben. Beiseitestellen.
Die Steaks über direkter starker Hitze bei geschlossenem Deckel bis zum gewünschten Gargrad grillen, 6–8 Min. für rosa/rot bzw. medium rare, dabei ein- bis zweimal wenden. Die Steaks vom Gasgrill

nehmen und 5 Min. ruhen lassen. Steaks auf Tellern anrichten, Butter darüberlöffeln und warm servieren.

Apfel-Chutney

6 säuerliche Äpfel, entkernt, geschält, geraspelt
1 Zwiebel, fein gehackt
2 TL Rohrzucker
1 TL Zimt
4 EL Senf
70 ml Weißwein
Saft 1 Zitrone
1 EL Öl
Salz und Pfeffer zum Abschmecken
Das Öl in einem Topf erhitzen und die Zwiebel glasig dünsten. Dann die Apfelwürfel dazugeben und für ca. 10 Minuten auf kleiner Flamme weich köcheln lassen. Den Zucker dazugeben und unter ständigem Umrühren karamellisieren. Nun mit Weißwein ablöschen. Zum Schluss den Rohrzucker, Zitronensaft, Zimt und Senf dazugeben und für weitere 10 Minuten köcheln lassen, bis alles gut eindickt.
Danach abkühlen lassen.

Auberginenröllchen zum Grillen

Dauer: 20 Minuten

Portionen: Für vier Personen

Zutaten:
1 Aubergine
½ Bund Petersilie
1 Knoblauchzehe
50ml Olivenöl
50g geriebenen Parmesan
1 Esslöffel Paniermehl
1 Kugel Mozzarella
1 Prise Salz
1 Prise Pfeffer

So wird es gemacht:
Aubergine waschen, abtropfen lassen und der Länge nach in Scheiben schneiden. Von beiden Seiten salzen und beiseite legen.
Knoblauch schälen, waschen und sehr fein hacken. Öl in einer Pfanne erhitzen und den Knoblauch darin glasig andünsten.
Petersilie, Parmesan, Paniermehl, Knoblauch und Öl in einen Mixer geben und zu einer Paste verarbeiten. Diese mit Salz und Pfeffer abschmecken.
Auberginenscheiben trocken tupfen. Je Scheibe mit einem kleinen Teelöffel Pate bestreichen. Mozzarella in mundgerechte Stücke schneiden und auf den Scheiben

verteilen. Scheiben aufrollen und mit einem Zahnstocher befestigen.
Auf einem Grill bräunlich anbraten.

Zucchini - Tomaten - Zwiebel – Puten-Spieße

Zutaten

4 Zwiebeln
4 Putenschnitzel
8 Kirschtomaten
2 Zucchini
Sojasauce
Salz und Pfeffer, frisch gemahlen
Zubereitung

Die Putenschnitzel waschen, abtrocknen und in Stücke schneiden.

Auf Spieße stecken und beiseitestellen.
Die Zwiebeln schälen und in Viertel schneiden.
Die Zucchini in ein Zentimeter dicke Scheiben schneiden.
Auf Holzspieße im Wechsel Pute, Zucchini, Kirschtomaten und Zwiebeln spießen. Mit Salz und Pfeffer würzen und mit Sojasauce marinieren.
15 bis 20 Minuten grillen, dabei regelmäßig wenden.

Rosmarinkartoffeln vom Grill

Zutaten:
6 Kartoffeln
4 Zweige Rosmarin
150 ml Olivenöl
etwas Salz

Zubereitung:
Kartoffeln waschen und klein schneiden
Rosmarinstiele mit Salz und Öl vermengen
Kartoffelspalten in Gemisch geben
Kartoffeln auf den Grill legen und 10 Minuten angrillen.

Burger vom Grill

Dauer: 30 Minuten

Portionen: Für zwei Personen

Zutaten:

500g Hackfleisch

2 EL Zwiebel, fein gehackt

2 EL Tomatenketchup

1 EL Dijonsenf

1 TL Pfeffer

1 TL Salz

1 TL Worcestersauce

1 TL Oregano

1 TL Chili

4 Scheiben Schmelzkäse

1 Packung Bacon, in Scheiben

½ Kopf Eisbergsalat, in Streifen geschnitten

4 Scheiben Tomate

4 Ringe Zwiebel

4 Scheiben Gurke

4 Hamburgerbrötchen

So wird es gemacht:

Hackfleisch mit den Gewürzen in eine Schüssel geben und zu einer homogenen Masse verarbeiten. Hände leicht anfeuchten und aus der Masse 4 gleichgroße Buletten formen. Buletten auf einem Grill von beiden Seiten für 3 Minuten grillen. Mit Salz und Pfeffer abschmecken, Schmelzkäse jeweils draufgeben, kurz schmelzen lassen und anschließend beiseite stellen.
Bacon auf den Grill geben und anrösten.
Brötchen halbieren und auf dem Grill kurz anrösten. Untere Hälfte mit Saucen bestreichen, Salat, Bulette, Zwiebel und Gurken und Tomaten belegen. Zuklappen und warm genießen.

Kräutersauce

Zutaten:
1 Bund Petersilie
½ Bund Koriander
1 Knoblauchzehe
1 rote Chilischote
Saft von ½ Zitrone
1 EL Ahornsirup
2 TL Tahin (Sesampaste)
1 ½ EL Olivenöl
Prise Karadamompulver
Prise Salz und Pfeffer

Zubereitung:

Petersilie und Koriander hacken. Knoblauchzehe schälen und Chilischote entkernen. Knoblauch und Chili fein hacken. Zitronensaft, Ahornsirup, Tahin und Olivenöl vermischen. Die Kräuter unterheben. Etwas Wasser dazugeben. Mit Salz, Pfeffer und Kardamompulver abschmecken. In ein Schraubglas füllen.

Ochsenkotelett mit Maiskolben

Zutaten für 4 Personen:

4 große Koteletts (á 250 g)
grob geschroteter schwarzer Pfeffer
1 EL scharfer Senf
50 ml Öl
Salz

Für die Maiskolben:

4 Maiskolben
4-8 Knoblauchzehen
50-80 g zimmerwarme Butter
Kräutersalz

Zubereitung:

Die 4 Koteletts am Knochen entlang etwas einritzen. Unter fließendem kaltem Wasser waschen, trockentupfen und mit den Händen leicht flach drücken.
Die Koteletts von beiden Seiten pfeffern, mit Öl bestreichen und auf den heißen Grill legen. Je nach gewünschtem Garzustand etwa 8-15 Minuten garen und dann salzen.

Dazu passen würzige bis scharfe Saucen wie Paprikasauce, Chiliketchup, Knoblauchsauce oder Curryketchup.

Für die Maiskolben: Abwaschen und trockentupfen. Die Knoblauchzehen schälen, durch eine Presse drücken und unter die Butter mischen.

Dann 4 große Alufolienblätter auf einer Arbeitsfläche auslegen. Die Maiskolben mit der Knoblauchbutter einstreichen, mit Kräutersalz würzen und fest in die Alufolien einwickeln.

Gefüllte Champignons mit Hackfleisch und sonnengetrockneten Tomaten

FÜR 4 PERSONEN
ZUBEREITUNGSZEIT: 25-30 MIN.
GRILLZEIT: 20 BIS 25 MIN.

ZUTATEN FÜR DIE MARINADE:

5 EL Olivenöl
1 EL Aceto balsamico
4 Riesenchampignons (10–12 cm)
Salz und Pfeffer

ZUTATEN FÜR DIE FÜLLUNG:

500 g Hackfleisch vom Rind
25 g jap. Panko-Paniermehl (Asia-Laden)
1 Ei (Größe L)
1 TL Worcestersauce
4 EL Zwiebel, fein gewürfelt
3 EL fein gehackte Petersilienblätter
3 EL fein gehackte sonnengetrocknete Tomaten in Öl (aus dem Glas)
50 g Parmesan, gerieben
Salz und Pfeffer

Die Zutaten für die Marinade in einer mittelgroßen Schüssel verrühren.

Die Pilze mit feuchtem Küchenpapier sauber abreiben. Stiele
abdrehen. Die schwarzen Lamellen mit einem Teelöffel vorsichtig
herauskratzen und wegwerfen. Pilze mit der Lamellenseite nach oben auf ein Backblech setzen und auf beiden Seiten mit der Marinade bestreichen. Beiseitestellen.
Den Gasgrill für direkte mittlere Hitze (180–230 °C) erhitzen.
Die Zutaten für die Füllung in einer zweiten mittelgroßen Schüssel vermischen.
Die Champignons mit der Lamellenseite nach unten über direkter mittlerer Hitze bei geschlossenem Deckel 5–6 Min. grillen. Wenden und über indirekte mittlere Hitze legen. Die Füllung mit einem Löffel gleichmäßig auf die Champignons verteilen und die Pilze 15–20 Min. bei geschlossenem Deckel weitergrillen, bis ein horizontal eingeführtes Fleischthermometer 70 °C anzeigt. In der letzten Minute auf dem Gasgrill die Pilze gleichmäßig mit dem Käse bestreuen. Pilze vom Rost nehmen und nach Belieben mit geröstetem Brot servieren.

Tomate-Basilikum-Aufstrich

8 Tomaten, ohne Stielansatz, gewürfelt
150 g Sonnenblumenkerne
Saft 1 Zitrone
1 EL Honig
3 EL Olivenöl
½ Handvoll frisches Basilikum, fein gehackt
Salz und Pfeffer zum Abschmecken
etwas Wasser
Alle Zutaten in einem Hochleistungsmixer zu einem cremigen Mus verarbeiten.
Zum Schluss mit Salz und Pfeffer abschmecken.

Kartoffel - Grill – Spieß

Dauer: 10 Minuten

Portionen: Für vier Personen

Zutaten:
700g Kartoffeln
125g Frühstücksspeck in Scheiben
1 Bund Frühlingszwiebeln
1 Esslöffel Erdnussöl
1 Prise Salz
1 Prise Cayennepfeffer

So wird es gemacht:
Kartoffeln schälen und für 20 Minuten in Salzwasser gar kochen. Anschließend mit kaltem Wasser abschrecken und in Würfel schneiden.
Speck halbieren. Zwiebel waschen und in 4cm lange Stücke schneiden.
Kartoffeln, Speck und Zwiebeln abwechselnd auf einen Spieß stecken und mit dem Öl bepinseln. Anschließend mit den Gewürzen abschmecken.
Von beiden Seiten goldbraun anrösten.

Tintenfische mit Knoblauch

Zutaten:
8 Tintenfische
6 Knoblauchzehen
5 EL Olivenöl
2 EL Zitronensaft
3 Stängel Petersilie
etwas Salz
etwas Pfeffer
Öl

Zubereitung:
Tintenfische kurz in kochendes Salzwasser geben
Knoblauch schälen, würfeln und in Olivenöl anbraten
Grill anheizen
abgeschöpftes Olivenöl mit Salz, Pfeffer und Zitronensaft vermengen
Tintenfische mit Mixtur bestreichen
Petersilie (Blättchen) hacken
Tintenfische auf Grillrost geben und beidseitig leicht anbraten
gelegentlich Mixtur auftragen
Tintenfisch mit Knoblauch würfeln und Petersilie anrichten

Gefüllter Spießbraten

Zutaten 4 Personen

1.2 kg Schweinenacken
6-8 Knoblauchzehen
2-3 Karotten
1 Stück Sellerie
1 Zwiebel
1 Stück Lauch
1 Bund Petersilie
1 Lorbeerblatt
Einige Wachholderbeeren
Einige Nelken
Prise Salz und Pfeffer
einige Senfkörner
3-4 EL körniger Senf
1 l dunkles Bier
Olivenöl zum Bestreichen

Zubereitung:

Schweinenacken waschen, trocken tupfen und auf eine Arbeitsfläche legen
Die 4-6 Knoblauchzehen schälen und in Stifte schneiden.
Die Karotten und den Sellerie waschen, schälen und in dickere Streifen schneiden.

Den Schweinenacken mit den Knoblauchstiften-, Karotten- und Selleriestiften füllen und in eine Schüssel legen.
Die Zwiebel schälen und in Scheiben schneiden. Den Lauch waschen und in dünne Ringe schneiden.
Die Petersilie und die restlichen Knoblauchzehen schälen und fein würfeln.
Das Gemüse mit dem Lorbeerblatt, den Wacholderbeeren, den Nelken und den Senfkörnern mit etwas Pfeffer würzen und zum Braten geben.
Den Senf mit dunklen Bier verrühren und über den Spießbraten geben. Den Braten zugedeckt über Nacht marinieren.
Den Spießbraten aus der Marinade nehmen, abtropfen lassen, salzen, pfeffern und auf einen Bratspieß stecken. Mit Öl bestreichen und über dem Grill garen.
Während der Garzeit öfter mit der Biermarinade ablöschen und mit Olivenöl bestreichen.
Nach Ende der Garzeit den Spießbraten vom Grill nehmen, in Scheiben schneiden und mit Kräuterzweigen garnieren und sofort servieren.

Gefüllte Polpette mit Kressecreme

Zutaten für 4 Personen:

1 kleine Zwiebel
2 Knoblauchzehen
½ Bund frisches Basilikum
50 g Parmaschinken
125 g Mozzarella
6 EL Olivenöl
800 g Rinderhackfleisch
1 EL scharfer Senf
1 EL Tomatenmark
Salz und schwarzer Pfeffer

Für die Kressecreme:

1 kleine Zwiebel
1 Kästchen Brunnenkresse
100 g Sahnequark
100 g Vollmilchjogurt
2 EL Olivenöl
Saft von ½ Zitrone
1 TL Worcestershiresauce
Salz und weißer Pfeffer
Zucker

Zubereitung:
Zwiebel und Knoblauchzehen schälen und hacken. Basilikumblättchen zupfen, waschen, trocknen. Parmaschinken würfeln. Mozzarella trockentupfen und passend zum Schinken schneiden. Hälfte Basilikum, Schinken- und Käsewürfel mit 2 EL Olivenöl locker vermengen.
Rinderhackfleisch in eine Schüssel geben und mit dem restlichen Basilikum, etwas Olivenöl, Senf, Tomatenmark, Zwiebel- und Knoblauchwürfeln verkneten. Mit Salz und Pfeffer abschmecken.
Aus dem Fleischteig etwa 12 flache Frikadellen formen. In jede Fleischteigportion in der Hand eine Mulde drücken, mit der Schinken-Käse-Mischung füllen und gut verschließen. Die Frikadellen nochmals flach drücken und leicht mit Olivenöl bepinseln.
Die Frikadellen auf den Tischgrill legen. Die Garzeit beträgt bei mehrmaligem Wenden ca. 10-15 Minuten je Größe der Frikadellen.
Für die Käsecreme: Zwiebel schälen und hacken. Kresse aus dem Kästchen schneiden und waschen. Sahnequark mit Vollmilchjogurt und Olivenöl glatt rühren.
Zwiebelwürfel und Kresse unterheben. Mit Zitronensaft, Worcestershiresauce, Salz, Pfeffer und Zucker pikant abschmecken. Sofort servieren, am besten zu den italienischen Frikadellen.

Bulgur-Avocado-Salat

400 ml klassische Gemüsebrühe
200 g Bulgur
200 g fettreduzierter Schafskäse, zerbröckelt
2 rote Paprikaschoten, geviertelt und in Streifen geschnitten
6 Frühlingszwiebeln, in feine Ringe geschnitten
1 Bund Minze, fein gehackt
2 Zitronen
2 kleine Avocados
4 EL Olivenöl
1 TL flüssiger Honig
1 TL gemahlener Kreuzkümmel
Salz und Pfeffer

Gemüsebrühe in einem Topf aufkochen, den Bulgur hineingeben und zugedeckt bei kleiner Hitze 5 Min. köcheln lassen. Herdplatte ausschalten und den Bulgur weitere 5-10 Minuten ausquellen lassen. Beiseitestellen.
Minze waschen, trockenschütteln, die Blättchen abzupfen und in Streifen schneiden. Zitrone halbieren und den Saft auspressen. Avocado halbieren, den Stein entfernen. Avocado schälen und das Fruchtfleisch würfeln. Avocadofruchtfleisch in eine Salatschüssel geben und sofort mit 1 EL Zitronensaft vermischen, damit es nicht braun wird. Bulgur, Paprika, Minze und Frühlingszwiebeln zugeben.

Restlichen Zitronensaft, Olivenöl, Honig, Kreuzkümmel, Salz und Pfeffer in einer kleinen Schüssel verquirlen. Über die vorbereiteten Zutaten geben und alles vermischen. Mit Salz und Pfeffer abschmecken. Salat auf Tellern verteilen, Schafskäse darüberstreuen und servieren.

Pintobohnenaufstrich

250 g Pintobohnen (eingeweicht und gekocht oder aus dem Glas)
1 Zwiebel, fein gehackt
2 Knoblauchzehen, fein gehackt
jeweils 1 Prise Chilipulver und Cayennepfeffer
Salz und Pfeffer zum Abschmecken
etwas Öl
Das Öl in einer Pfanne erhitzen und die Zwiebel andünsten. Abkühlen lassen.
Alle Zutaten in einem Hochleistungsmixer zu einem cremigen Mus pürieren und mit Salz und Pfeffer abschmecken.

Mariniertes Grillgemüse am Spieß mit Safran

Dauer: 35 Minuten

Portionen: Für vier Personen

Zutaten:

Für die Spieße:
2 Maiskolben
2 Zucchini
2 Paprika
16 Champignons
1 rote Zwiebel
1 Karotte
60g Tomaten-Pesto
60ml Olivenöl
Salz und Pfeffer
8 Holzspieße

Für Safran Dip:
250g Sojajoghurt
50ml Sojasahne
1 Esslöffel Zitronensaft
1 Prise Salz
Kurkuma

8 Safranfäden

So wird es gemacht:
Gemüse küchenfertig vorbereiten und auf eine Größe zuschneiden. Eng und ohne Zwischenraum abwechselnd auf Holzspieße stecken. Mit Karottenscheiben beginnen und enden.
Tomaten-Pesto mit Olivenöl mischen. Damit Gemüsespieße bestreichen (auf einem Blech oder in einer Auflaufform liegend). Für ca. 2 Stunden marinieren. Gemüsespieße mit Salz und Pfeffer würzen und anschließend von allen Seiten grillen.
Für den Safran-Dip alle Zutaten vermischen, mit Salz und Kurkuma abschmecken und Safranfäden zugeben. Zusammen mit den Spießen servieren.

Zanderröllchen mit Zitronengras

Zutaten:
500 g Zanderfilet
1 Bund Zitronengras
halber Bund Thymian
2 Zitronen
Olivenöl
Salz

Zubereitung:
Fisch waschen und in 4 Portionen aufteilen
Zander erneut halbieren
Filetstücke mit Salz, Zitronengras und Thymian verfeinern
Filetstücke auf einem Spieß befestigen und mit Öl einpinseln
15-20 Minuten auf heißen Grill legen
gelegentlich umdrehen
abschließend erneut salzen und mit Zitrone anrichten

Putenschaschliks Spieße

Zutaten für 4 Personen

600 g Putenbrustfilet
Je 1 rote, grüne und gelbe Paprikaschote
100 g Frühstücksspeck / Bacon
Prise Salz und Pfeffer
1 EL geschroteter schwarzer Pfeffer
1 Prise Cayennepfeffer
100 ml Olivenöl

Für die Sauce
2 EL Butter
2 Zwiebeln
1 rote Chilischote
2-3 Essiggurken
3-4 EL Tomatenmark
200 ml Gemüsebrühe
1 Dose geschälte Tomaten (400 g)
2 EL Honig
2 EL Obstessig
2 EL Paprikapulver edelsüß
3-4 EL Sojasauce
Speisestärke zum Binden
Kräuterzweige zum Garnieren

Zubereitung:

Die Putenbrustfilet mit Wasser abspülen und in mundgerechte Würfel schneiden.
Den Bacon in 1 cm dicke Scheiben schneiden. Die Paprikaschoten, halbieren, entkernen, waschen und in Stücke schneiden.
Die Paprikastücke, Bacon, Putenfleisch abwechselnd auf die Spieße stecken und mit Salz und Pfeffer würzen.
Für die Marinade den geschroteten schwarzem Pfeffer, Olivenöl und Cayennepfeffer miteinander vermischen und auf die Spieße bestreichen. Und für 10-15 Minuten im Kühlschrank ziehen lassen.
Die Putenschaschliks auf dem Grill garen.
Für die Sauce die Butter erhitzen und die geschälten, fein gehackten Zwiebeln darin glasig schwitzen.
Die Chilischote entkernen und klein schneiden. Die Essiggurken würfeln und zum mitschwitzen geben.
Das Tomatenmark einrühren, die Gemüsebrühe und die geschälten, zerdrückten Tomaten dazugeben und zum Köcheln bringen.
Die Sauce mit Obstessig, Paprikapulver, Honig und Sojasauce würzen, mit Pfeffer und Salz abschmecken.
Bei mittlere Hitze 6-8 Minuten köcheln lassen.
Sie Sauce mit etwas angerührter Speisestärke leicht binden. Mit den Putenschaschliks anrichten, mit Kräuterzweigen garnieren und sofort servieren.

Ziegenkäse im Speckmantel

Zutaten für 4 Personen:

8 Scheiben Ziegenkäse
8 Scheiben dünner Frühstückspeck
Kräuter der Provence

Zubereitung:

Den geräucherten Bauchspeck zur Hälfte durchschneiden und jeweils eine Scheibe Ziegenfrischkäse mit zwei Stücken Bauchspeck umwickeln.
Die ummantelten Ziegenkäsepäckchen auf den Grillrost legen und von jeder Seite für ca. 1 Minute bei hoher Hitze grillen, bis der Bauchspeck leicht goldbraun wird.

Wassermelonen-Feta-Salat

Rund 1kg Wassermelone
200g Feta
2 gute Hand voll Rucola
1 Schalotte, in feine Ringe geschnitten
frisch gemahlener Pfeffer
1 TL Balsamico
Olivenöl

Wassermelone aufschneiden, die Schale entfernen, in beliebige Stücke schneiden und auf einer großen Platte oder 2 Tellern verteilen. Feta mit den Händen grob darüber zerkrümeln. Scharlotten Ringe und frisch gewaschenen Rucola auf der Platte oder den Tellern verteilen. Alles mit frisch gemahlenem Pfeffer bestreuen und mit Olivenöl und Balsamico beträufeln, nach Belieben mit geröstetem Brot servieren.

Hühnerspieße mit Speckpflaumen vom Grill

Dauer: 30 Minuten

Portionen: Für vier Personen

Zutaten:
400g Hühnerbrust
16 Backpflaumen
8 Scheiben Bacon
500g Naturjoghurt
1 Bund Minze
1 Knoblauchzehe
1 Chilischote
1 Teelöffel Honig
1 Esslöffel Olivenöl
1 Teelöffel Zitronensaft

So wird es gemacht:
Jede Hühnerbrust waschen, trocken tupfen und in fünf gleichgroße Stücke schneiden. Pflaumen einweichen lassen, entkernen und mit einem Stück Bacon ummanteln. Huhn und Pflaumen jeweils nacheinander folgend auf einem Spieß geben.
Die restlichen Zutaten in einen Mixer geben und zu einer Sauce verarbeiten.

Die Spieße für wenige Minuten auf dem Grill anbraten.
Das Gericht mit der Sauce gemeinsam servieren.

Hähnchenflügel mit Honigglasur

Zutaten:
12 Hähnchenflügel
2 Knoblauchzehen
150 g Honig
1 TL Paprika
2 TL Tomatenketchup
2 TL Sonnenblumenöl
Zitronensaft
Salz
Pfeffer

Zubereitung:
Knoblauch schälen und pressen
alle Zutaten (außer den Hähnchenflügeln) gut vermengen
Hähnchenflügel marinieren
für Stunden in den Kühlschrank geben
Flügel 20 Minuten auf vorgeheizten Grill legen
gelegentlich drehen und marinieren
abschließend salzen und pfeffern

Gemüse-Bratwurst-Spieße

Zutaten für 6 Personen

4 Stangen grüner Spargel
1 Zucchini
1 rote Paprika
2 Knoblauchzehen
6 EL Öl
Prise Salz und Pfeffer
Prise Paprikapulver
2 Zweige Rosmarin
300 g mittelgrobe Bratwurst

Zubereitung:

Spargel waschen, die Enden abschneiden. Zucchini waschen und längs vierteln. Paprika waschen, längs aufschneiden, entkernen und in ca. 3 cm breite Stücke schneiden.
Knoblauch schälen und durch eine Knoblauchpresse in das Öl drücken. Mit Pfeffer, Salz, Paprikapulver und den Rosmarinnadeln mischen. Gemüse in eine Auflaufform geben, mit dem Öl vermischen und mindestens für 1 Stunde ziehen lassen.
Bratwurst und Gemüse längs abwechselnd auf die Holzspieße stecken. Auf den Grill geben und von beiden Seiten grillen.

Crepinettes

Zutaten für 12 Stück:

1 rohes Schweinenetz
2 Zwiebeln
2 Knoblauchzehen
½ Bund Petersilie
1 EL Butter
süße Sahne
100 ml süße Sahne
600 g Schweinehack
Salz
frisch gemahlener schwarzer Pfeffer
½ TL gemahlener Salbei
1 Ei
5 EL Grillöl

Zubereitung:

Schweinenetz mit kaltem Wasser begießen und etwa 1 Stunde ruhen lassen. Zwiebeln und Knoblauch schälen und hacken. Petersilie zupfen, waschen, trocknen und beiseite stellen.
Butter in einer Pfanne zerlassen, Zwiebel-Knoblauch-Mischung darin glasig dünsten. Petersilie untermischen, mit Sahne aufgießen, die Pfanne von der Herdplatte ziehen.

Hackfleisch mit dem Pfanneninhalt, mit Salz, Pfeffer, Salbei und Ei zu einem geschmeidigen Teig verkneten. Schweinenetz aus dem Wasser nehmen, vorsichtig ausbreiten und ca. 12 Teile schneiden.
Den Teig in kleine Fleischportionen teilen, mit den Schweinenetzstücken ummanteln und flach drücken.
Jeden Crepinettes mit Öl bepinseln und in eine Grillwanne legen. Für ca. 20 Minuten unter mehrmaligem Wenden durch garen.

Koteletts mit Senf Glasur

FÜR 4 PERSONEN
ZUBEREITUNGSZEIT: 20 MIN.
GRILLZEIT: 12 BIS 16 MIN.

ZUTATEN FÜR DIE GLASUR:

55 g dunkler Vollrohrzucker
5 EL Whisky
2 EL Senf
1 TL flüssiges Vanilleextrakt

4 Schweinekoteletts mit Knochen, je etwa 230 g schwer und 2,5 cm dick, überschüssiges Fett entfernt
4 kochfeste Äpfel, Kerngehäuse entfernt, in 1 cm breite Spalten geschnitten
1 EL frische Estragonblätter, fein gehackt
1 TL grobes Meersalz
½ TL schwarzer Pfeffer
Öl

Die Zutaten für die Glasur in einer kleinen Schüssel verrühren, bis
sich der Zucker aufgelöst hat. 3 EL von der Glasur in einer großen
Schüssel beiseitestellen.

Die Schweinekoteletts auf beiden Seiten dünn mit Öl bestreichen,
mit Salz und Pfeffer würzen und mit der Whisky-Senf-Glasur bestreichen. Beiseitestellen und 30 Min. ziehen lassen.
Den Gasgrill für direkte mittlere Hitze (180–230 °C) erhitzen.
Die Apfelspalten auf beiden Seiten mit Öl bestreichen.
Die Äpfel über direkter mittlerer Hitze bei geschlossenem Deckel 4–6 Min. grillen, bis sie weich, aber noch knackig sind, und das typische Grillmuster angenommen haben, dabei einmal wenden. Die Apfelstücke in die große Schüssel zu den 3 EL Glasur geben, den Estragon hinzufügen und alles vermischen.
Die Koteletts über direkter mittlerer Hitze bei geschlossenem Deckel 8–10 Min. grillen, bis sie gar, aber innen noch leicht rosa sind, dabei ein- bis zweimal wenden. Vom Gasgrill nehmen und 5 Min. ruhen lassen. Koteletts mit den Apfelspalten auf Tellern anrichten und warm servieren.

Fenchel-Spargel-Käse-Salat

300 g Fenchel, ohne Strunk, gewürfelt
300 g Spargel, geputzt, in kleine Stückchen geschnitten
250 g Joghurt oder Sojajoghurt
50 g Gorgonzola, mit einer Gabel zerdrückt
Saft 1 Zitrone oder Limette
Salz, Pfeffer, Senf
etwas Öl

Den Spargel und Fenchel mit etwas Öl bepinseln und auf dem Grill von allen Seiten 10 Minuten garen. Mit Salz und Pfeffer würzen.

Die Zitrone oder Limette mit 1 Esslöffel Senf in einer kleinen Schüssel mixen.

Alle Zutaten in einer großen Schüssel miteinander vermischen und bei Bedarf noch einmal mit Salz und Pfeffer abschmecken.

Lamm vom Grill

Dauer: 10 Minuten

Portionen: Für vier Personen

Zutaten:
8 Lammkoteletts
4 Esslöffel Tomatenketchup
4 Esslöffel Sojasauce
1 kleines Stück fein geriebenen Ingwer
5 Esslöffel Honig
¼ Teelöffel Chilipulver
1 Esslöffel Senf
2 Knoblauchzehen
1 Prise Pfeffer

So wird es gemacht:
Lammkoteletts waschen und trocken tupfen.
Knoblauch schälen, waschen und sehr fein hacken. Nun alle anderen Zutaten, außer den Lammkoteletts, in eine Schüssel oder in einen Mixer geben und zu einer Marinade verarbeiten. Lammkoteletts in die Marinade geben und zugedeckt für mindestens eine Stunde ziehen lassen.
Anschließend können die Lammkoteletts für acht bis zehn Minuten auf einem Grill angebraten werden.

Bruscetta

Zutaten:
2 Ciabatta
2 Tomaten
etwas Tomatenketchup
2 Knoblauchzehen
2 EL Olivenöl
1 EL Basilikum

Zubereitung:
Ciabattascheiben kurz auf den Grill legen.
Tomaten würfeln und mit Ketchup, Knoblauchzehen, Olivenöl und Basilikum vermischen
Gemisch auf angeröstete Chiabattascheibe streichen erneut auf den Grill legen

Pikante Hirschsteaks

Zutaten für 4 Personen

12 Hirschmedaillons (á 80 g)
Prise Salz und Pfeffer
4 EL Olivenöl
1 Glas eingelegte grüne Pfefferkörner
1 Knoblauchzehe, geschält und fein gehackt
12 Scheiben geräucherter Speck
Zum Garnieren Basilikum und Gurkenscheiben

Zubereitung:

Die Hirschmedaillons unter fließendem Wasser waschen, trocknen mit Salz und Pfeffer würzen.
Das Olivenöl mit den eingelegten Pfefferkörner und dem Knoblauch vermischen.
Die Medaillons damit bestreichen, mit den Speckstreifen umwickeln und auf dem Grill nach Belieben durchbraten.
Die Hirschsteaks mit der restlichen Marinade, Gurkenscheiben anrichten, mit Basilikum garnieren und mit Baguette servieren.

Sepias mit Schafskäse

Zutaten für 4 Personen:

600 g küchenfertige Sepias
Saft von 1 Zitrone
5 Knoblauchzehen
1 Bund Petersilie
5 EL Olivenöl
1 Piccolo Sekt oder 250 ml Prosecco
250 ml Gemüse- oder Fischbrühe
Salz und weißer
200 g Schafskäse z. B. Ricotta

Zubereitung:

Sepias unter kaltem Wasser waschen und trockentupfen. Mit Zitronensaft beträufeln. Knoblauch schälen und fein würfeln.
Petersilie zupfen, waschen, trocknen und beiseite stellen. Etwa 4 EL Olivenöl erhitzen und die Tintenfische mit dem Knoblauch andünsten.
Mit Sekt und Brühe aufgießen, salzen, pfeffern und etwa 20 Minuten schmoren lassen. Tintenfische herausnehmen und kurz abkühlen lassen.
Den Sud mit Petersilie verfeinern, nochmals abschmecken und zum „Weißbrot-Tunken" bereitstellen.

Den Schafskäse klein schneiden und mit einer Gabel unter Zusatz von etwas Olivenöl grob zerkleinern.

Die Tintenfischbeutel mit wenig Schafskäse füllen und mit kleinen Holzspießen zustecken. Den Grill erhitzen und die gefüllten Tintenfischbeutel darauf legen. Unter mehrmaligem Wenden, 5 bis 8 Minuten knusprig grillen.

Hähnchenflügel

FÜR 4 BIS 6 PERSONEN
ZUBEREITUNGSZEIT: 10 MIN.
GRILLZEIT: 20 BIS 25 MIN.

ZUTATEN FÜR DIE GLASUR:

170 ml Ketchup
4 EL Honig
3 EL Apfelessig
2 EL scharfer Senf
1 TL schwarzer Pfeffer

1,25 kg Hähnchenflügel, jeweils am Gelenk zerteilt, Flügelspitzen
abgeschnitten
½ TL schwarzer Pfeffer
½ TL grobes Meersalz

Die Zutaten für die Sauce in einem kleinen Topf vermischen. Auf
mittlerer Stufe zum Kochen bringen, dabei gelegentlich umrühren. Etwa 1 Min. unter häufigem Rühren sanft köcheln lassen, bis sich der Honig vollständig aufgelöst hat. Den Topf vom Herd nehmen.
Den Gasgrill für direkte mittlere Hitze (180–230 °C) erhitzen.

Die Hähnchenflügel gleichmäßig mit Salz und Pfeffer würzen.

Die Hähnchenflügel über direkter mittlerer Hitze bei geschlossenem Deckel 10–15 Min. goldbraun grillen, dabei ein bis zweimal wenden.

Anschließend über indirekte mittlere Hitze legen und bei geschlossenem Deckel weitere 10 Min. grillen, bis die Haut kräftig gebräunt und knusprig ist und das Fleisch im Kern nicht mehr rosa. In den letzten 5 Min. Grillzeit die Hähnchenflügel ein bis zweimal wenden und gleichmäßig mit der Glasur bestreichen. Warm servieren.

Fladenbrot

750 g Weißmehl
1 ½ P. Trockenhefe
375 ml Wasser, lauwarm
1 Prise Salz

In einer Rührschüssel das Mehl, die Hefe und das Salz gut vermischen. Danach langsam das lauwarme Wasser hinzugeben. Sehr gut mit den Händen zu einem glatten Teig verkneten. Mit einem Tuch abgedeckt für ca. 45 Minuten bis 1 Stunde aufgehen lassen.

Noch einmal gut durchkneten. Aus dem Teig ca. 8 dünne, ovale Brote formen.

Auf den Grill legen und etwa 5 Minuten von jeder Seite grillen.

Hähnchen-Wraps mit Aioli

FÜR 4 BIS 6 PERSONEN
ZUBEREITUNGSZEIT: 35 MIN.
GRILLZEIT: 8 BIS 12 MIN.

ZUTATEN FÜR DIE AIOLI:

5 EL Mayonnaise
1 TL Dijon-Senf
1 kleine Knoblauchzehe, zerdrückt und fein gehackt
1 EL frische Basilikumblätter, fein gehackt
1 EL frische glatte Petersilienblätter, fein gehackt

3 Hähnchenbrustfilets, je etwa 180 g
12 Weizentortillas (15 cm Ø)
100 g kleine blaue Weintrauben, halbiert
50 g Walnusskerne, gehackt
2 Frühlingszwiebeln, in dünne Scheiben geschnitten
1 Bund Brunnenkresse, nur die Blätter und zarten Stiele
1 TL frische Thymianblätter, fein gehackt
Olivenöl
Salz und Pfeffer

Den Gasgrill für direkte mittlere Hitze (180–230 °C) erhitzen. Den
Backofen auf 100 °C vorheizen.

Die Hähnchenbrustfilets auf beiden Seiten dünn mit Öl bestreichen
und mit Thymian, Salz und Pfeffer würzen.
Die Tortillas in leicht angefeuchtetes Küchenpapier schlagen,
anschließend fest in Alufolie verpacken. Tortilla-Päckchen in den
warmen Backofen legen. Inzwischen Hähnchenfilets und Aioli
zubereiten.
Die Hähnchenbrustfilets mit der glatten Seite nach unten über direkter mittlerer Hitze bei geschlossenem Deckel 8–12 Min. grillen, bis sich das Fleisch auf Druck fest anfühlt und auch im Kern nicht mehr glasig ist, dabei einmal wenden. Vom Gasgrill nehmen und
abkühlen lassen, dann in 0,5 cm große Streifen schneiden.
Alle Zutaten für die Aioli in einer mittelgroßen Schüssel, mit 2 EL Öl und 1 kräftigen Prise Pfeffer verschlagen. Die Hähnchenwürfel in einer großen Schüssel mit Weintrauben, Walnusskernen und Frühlingszwiebeln vermischen. Die Tortillas aus dem Ofen nehmen und auswickeln. Jeweils mit Aioli bestreichen, Brunnenkresse und Hähnchensalat darauf verteilen, restliche Aioli drüberträufeln und sofort servieren.

Gegrillter Tempeh mit Sojamarinade

650 g Tempeh, in feine Scheiben geschnitten
2 Knoblauchzehen, gepresst
5 EL Öl
6 EL Sojasoße
4 EL Honig
3 EL Balsamicoessig
Salz, Pfeffer, Chilipulver

In einer flachen Schüssel das Olivenöl, die Sojasoße, den Honig und Essig zu einer Marinade vermengen. Mit Salz, Pfeffer und Chilipulver abschmecken.
Den Tempeh dazugeben und in der Marinade ziehen lassen, am besten über Nacht.
Auf den Grill geben und von allen Seiten für ca. 10 Minuten knusprig grillen.

Cevapcici

Dauer: 30 Minuten

Portionen: Für vier Personen

Zutaten:
500g Hackfleisch
1 Zwiebel
2 Knoblauchzehen
50g Käse
50ml Sahne
3 Esslöffel Paniermehl
1 Prise Salz
1 Prise Pfeffer
1 Prise Paprikapulver
1 Prise Currypulver
8 Scheiben Bacon

So wird es gemacht:
Zwiebel schälen, waschen und fein hacken. Knoblauch schälen, waschen und fein hacken. Käse fein reiben.
Alle Zutaten, bis auf die Bacon, in eine Schüssel geben und zu einer homogenen Masse verarbeiten.
Hände anfeuchten und aus der Masse kleine Cevapcici formen. Jedes Röllchen mit Bacon ummanteln.
Für 15 Minuten grillen und dabei mehrmals wenden.

Brot-Chips

Zutaten:
100 g Butter
2 Knoblauchzehen
1 Baguette
Salz
Pfeffer

Zubereitung:
Butter schmelzen
gepressten Knoblauch beifügen
salzen und pfeffern
dünne Baguettescheiben mit Butter bestreichen
in den Ofen geben und kurz anrösten

Umhüllte Backpflaumen

Zutaten für eine Portion

6 Backpflaumen (getrocknete Pflaumen)
6 Scheiben Räucherspeck
6 Spieße

Zubereitung:

Die Pflaumen über Nacht in wenig Wasser einweichen. Anderntags die Backpflaumen gut abtropfen und entkernen.
Danach die Pflaumen mit dem Räucherspeck umwickeln und auf die Spieße hintereinander aufstecken.
Die Backpflaumen auf den Grillrost für 5-7 Minuten legen, oder bis der Räucherspeck schön knusprig ist.
Als Beilage eignet sich frisches Toastbrot oder ein französisches Baguette.

Bruschetta mit Grillgemüse

Zutaten für 4 Personen:

2 Paprikaschoten
1 Zucchini
2 rote Zwiebeln
4 Scheiben Krustenbrot
1 Knoblauchzehe
½ Bund Basilikum
6 EL Olivenöl
2 EL Balsamico-Essig
Salz und Pfeffer

Zubereitung:

Paprika und Zucchini waschen und würfeln. Zwiebel schälen und ebenfalls würfeln. Basilikum waschen, trocknen und hacken.
Die Stiele entfernen. Das Gemüse in eine Grillwanne geben mit etwas Salz, Pfeffer und Olivenöl würzen. Für ca. 10-12 Minuten grillen.
Nach der Grillzeit das Gemüse herunternehmen und mit Balsamico-Essig und Basilikum abschmecken.
Die Brotscheiben ebenfalls etwas rösten. Den Knoblauch schälen und über die gegrillten Brotscheiben streichen. Danach mit dem Gemüse und etwas Olivenöl die Brotscheiben anrichten.

Hasenrücken im Heubet

FÜR 4 PERSONEN
VORBEREITUNGSZEIT: 30 MIN.
ZUBEREITUNGSZEIT: 30 BIS 40 MIN.
GRILLZEIT: 15 BIS 20 MIN.

500 g Wiesenheu
1 Tasse Heublüten (Reformhaus)
100 ml Weißwein
2 Hasenrücken
2 EL Rosmarin
2 EL Thymian
Wacholderbeeren
Salz und Pfeffer

ZUBEHÖR:
OFENFORM ODER ALUSCHALE

Den Gasgrill für direkte mittlere Hitze (180–230 °C) erhitzen.
Die Rücken auslösen und parieren. Die Rückenfilets salzen und pfeffern. Kurz über direkter Hitze von allen Seiten anbraten.
Anschließend den Gasgrill auf indirekte Hitze schalten und auf 150 °C einregeln. Das angebratene Fleisch mit Rosmarin und Thymian einreiben. Das Heu und die Blüten in Weißwein anfeuchten und zusammen mit den Wacholderbeeren in eine Ofenform oder Aluschale

legen. Jetzt den Hasenrücken auf das Heubett legen und über indirekter Hitze ca. 15 Min. rosa garen. Vom Gasgrill nehmen und 5 Minuten ruhen lassen. Warm servieren.

Kürbis-Käse-Spieße

3 Stück Hokkaidokürbis, geschält, entkernt, in dickere Würfel geschnitten
450 g Feta, in dickere Würfel geschnitten
150 ml Olivenöl
Saft von 2 Zitronen
3 EL Kräuter der Provence
Salz und Pfeffer zum Abschmecken
12 Grillspieße
In einer flachen Schüssel das Öl mit dem Zitronensaft, den Kräutern und dem Salz und Pfeffer gut vermischen. Die Kürbiswürfel gut darin marinieren, am besten über Nacht.
Abwechselnd auf die Spieße stecken und auf dem Grill für 10 Minuten von allen Seiten anbraten.

Adana Kebap

Dauer: 25 Minuten

Portionen: Für sechs Personen

Zutaten:
1 Kilo Hackfleisch
2 Zwiebeln
3 Chilischoten
4 Knoblauchzehen
1 Bund Petersilie
1 Prise Salz
1 Prise Kreuzkümmel
1 Esslöffel Paprikamark
½ Zitronen, Saft und Abrieb

So wird es gemacht:
Zwiebel schälen, waschen und fein reiben. Chilischote waschen, längs halbieren, entkernen und zu Mus verarbeiten. Knoblauch schälen, waschen und zu Mus verarbeiten. Petersilie waschen, abtropfen lassen und fein hacken.
Alle Zutaten in eine Schüssel geben und zu einer homogenen Masse verarbeiten. Masse für mehrere Stunden im Kühlschrank durchziehen lassen.
150g Laibe formen und mit Holzspießen aufspießen. Auf den Grill geben und von allen Seiten anbraten.

Grill Mayonnaise

Zutaten:
1 Eigelb
200 ml Sonnenblumenöl
2 TL Limetten- oder Zitronensaft
1 TL Dijon Senf
Pfeffer
Salz

Zubereitung:
Alle Zutaten bis auf das Öl in einem Mixer tun. Dann den Mixer einstellen und nach und nach langsam das Öl nachgießen.
Der gesamte Mixvorgang sollte nicht länger als 3 Minuten dauern.
Vergewissern Sie sich aber vorher, dass ihr Mixer die gewünschte Leistung erbringen kann. Alternativ kann sonst auch ein Pürierstab zum Einsatz kommen.

Melonen-Garnelen-Spieße

Zutaten für 4 Personen

350 g Black Tiger Garnelen
6 Knoblauchzehen
½ Galia Melone
½ Bund Koriander
1 Limette
3 EL Olivenöl
1 TL Sambal Oelek
Prise Pfeffer, Salz und Zucker
2 EL Rapsöl
1 Zitrone

Zubereitung:

Die Garnelen auftauen lassen. Knoblauchzehen ungeschält für 8-10 Minuten in einer Pfanne ohne Zugabe von Fett rösten.
Die Melone schälen, entkernen und in 2-3 cm große Stücke schneiden. Knoblauch abkühlen lassen, schälen und zerdrücken. Koriander fein hacken. Limette waschen und 1 gestrichenen Teelöffel Schale abreiben sowie Saft auspressen. Knoblauch, Limettensaft, Koriander, Olivenöl und Sambal Oelek vermischen und mit Salz, Pfeffer und Zucker würzen.
Limettenabrieb mit Rapsöl vermengen. Melonenstücke und Garnelen abwechselnd auf gewässerten

Holzspieße stecken und mit dem Limetten-Öl einstreichen.

Zitrone in Spalten schneiden. Die Spieße auf den Grill geben und für 2-3 Minuten von jeder Seite grillen. Mit Salz, Pfeffer und mit dem Limetten-Dip und Zitronenspalten servieren.

Gegrillte Erdbeeren mit Schwips

Zutaten:

500 g frische Erdbeeren
1 unbehandelte Zitrone
2 EL Zucker oder Süßstoff
3 EL Orangenlikör

Zubereitung:

Erdbeeren verlesen, waschen, halbieren und in eine Schüssel geben. Die Zitrone waschen und über die Erdbeeren reiben. Danach den Orangenlikör sowie den Zucker dazu geben und gut vermischen.
Alles gut durchmischen. Danach die Masse auf ein doppellagiges Stück Alufolie und formen daraus ein Päckchen. Für ca. 10-12 Minuten neben der Hitze vom Grill garen lassen.

Lachs mit Tomatenkruste

FÜR 4 PERSONEN
ZUBEREITUNGSZEIT: 5 BIS 10 MIN.
GRILLZEIT: 25 MIN.

ZUTATEN FÜR DAS PESTO:

250 g getrocknete Tomaten in Olivenöl
2 Knoblauchzehen, geschält
2 EL Pinienkerne
3 EL Parmesan, gerieben
40 ml Olivenöl
Salz und Pfeffer

ZUTATEN FÜR DAS GEMÜSE:

2 Frühlingszwiebeln, längs in dünne Streifen geschnitten
2 Zucchini, in Scheiben geschnitten
15 Cherrytomaten, geviertelt
2 EL Olivenöl
2 Zweige Rosmarin
2 Zweige Thymian
Salz und Pfeffer

4 Lachsfilets ohne Haut, je etwa 200 g schwer und 3 cm dick, Gräten
entfernt

4 EL rotes Pesto

ZUBEHÖR:
STANDMIXER

Für das rote Pesto getrockneten Tomaten, Knoblauch und die Pinienkerne im Mixer pürieren. Den Parmesan und das Olivenöl einrühren, mit Salz und Pfeffer würzen (falls das Pesto zu dick ist, ein Schuss Wasser hinzufügen und erneut pürieren).
Den Gasgrill für direkte mittlere Hitze (180–230 °C) erhitzen.
Alle Zutaten für das Gemüse in einer Auflaufform vermengen, mit Olivenöl marinieren und mit Salz und Pfeffer würzen. Im Gasgrill über direkter starker Hitze bei geschlossenem Deckel 13-15 Min. grillen, bis das Gemüse weich ist.
In der Zwischenzeit Chips in einer Schüssel zerstampfen, mit dem Pesto vermischen. Die Kruste dick auf den Lachsfilets verteilen. Filets mit der Krustenseite nach oben über direkter starker Hitze bei geschlossenem Deckel 8–10 Min. grillen, bis sie sich mit einer Grillzange vom Rost lösen lassen, ohne haften zu bleiben. Den Lachs vorsichtig auf Teller heben und mit dem Gemüse warm servieren.

Süßkartoffel-Seitan-Spieße

6 große Süßkartoffeln, geschält, in dicke Würfel geschnitten
550 g Seitan, in dicke Würfel geschnitten
12 EL Olivenöl
½ Handvoll frischer Koriander, fein gehackt
1 EL Paprikapulver
1 EL Currypulver
1 EL schwarzer Pfeffer
Salz zum Abschmecken
12 Grillspieße

Aus dem Öl, dem Koriander und den Gewürzen eine Marinade herstellen. Dann die Kartoffeln darin ziehen lassen. Eventuell noch mit Salz abschmecken.

Alle Zutaten abwechselnd auf die Spieße stecken. Nun auf dem Grill von allen Seiten für ca. 10 Minuten anbraten.

Gemüse

Sehr viele Gemüsesorten lassen sich gut mit Hülsenfrüchten, Getreide- und Pseudogetreide, Fleischersatz oder anderen Zutaten, wie Kartoffeln, Oliven und Käse befüllen. Seien Sie beim Aushöhlen des Gemüses vorsichtig, damit es beim Grillen nicht auseinanderfällt! Die meisten Schalen der Gemüsesorten können direkt auf dem Rost gegrillt werden. Wollen Sie auf Nummer sicher gehen, können Sie unter das Gemüse auch Alufolie legen.

Garnelenspieße mit Mango für den Grill

Dauer: 10 Minuten

Portionen: Für zwei Personen

Zutaten:
10 Garnelen
1 Mango
2 Limetten
1 Knoblauchzehe
1 Teelöffel Olivenöl

So wird es gemacht:
Mango schälen, Fruchtfleisch herausschneiden, entkernen und diese in Stücke schneiden. 1 Limette komplett auspressen, die andere in Scheiben schneiden. Knoblauch schälen, waschen und fein hacken.
Olivenöl, Limettensaft, 1 Esslöffel Wasser und Knoblauch in eine Schüssel geben und zu einer Marinade verarbeiten.
Garnelen, Mango und Limettenscheiben aufspießen und in die Marinade geben. Für mindestens eine Stunde in den Kühlschrank geben und ziehen lassen. Während des Grillens noch einmal mit Marinade bepinseln.

Von allen Seiten kurz anbraten.

Grill – Marinade – Kalorienarme Version

Dauer: 10 Minuten

Portionen: Für zwei Personen

Zutaten:
1 Becher Naturjoghurt
1 Zwiebel
2 Knoblauchzehen
3 Esslöffel Honig
2 Esslöffel Honig
2 Esslöffel mittelscharfer Senf
1 Esslöffel Öl
2 frische Peperoni
1 Teelöffel Sojasauce
1 Prise Salz
1 Prise Pfeffer
1 Prise Currypulver
1 Prise Chilipulver
1 Prise Sesam

So wird es gemacht:
Zwiebel schälen, waschen und sehr fein hacken.
Knoblauch schälen, waschen und sehr fein hacken. Nun

alle Zutaten in einen Mixer geben und zu einer homogenen Masse verarbeiten und darauf eine Marinade machen. Die Marinade für mehrere Stunden im Kühlschrank kühl lagern. Die Marinade kann sowohl kühl als auch warm genossen werden.

Yakitori (japanische Hähnchenspieße) (Japan)

Zutaten:

500 g Hähnchen von Keulen
2 Frühlingszwiebeln
125 ml Sojasauce
80 ml Geflügelfond
2 EL Mirin
etwas Zucker

Zubereitung:
Fleisch würfeln
Zwiebeln waschen und vierteilen
Geflügelfond, Sojasauce und Zucker leicht erhitzen und durch Einkochen reduzieren
Mirin zur Würze beifügen
Hähnchen und Lauch abwechselnd auf Spieße verteilen
Spieße marinieren
Spieße für ungefähr 10 Minuten auf den Grill geben

Weißer Bohnensalat mit Grillkäse

Zutaten für 4 Personen

1 Dose weiße Bohnen (580 g)
1 Zwiebel
2 Knoblauchzehen
250 g Kirschtomaten
Etwas Kresse
1 Bund Petersilie
400 g Halloumi (Grillkäse)

Für das Dressing:
100 ml Gemüsebrühe
75 ml Estragon Essig
Prise Salz und Pfeffer
Prise Cayennepfeffer
Prise Zucker
75 ml Olivenöl

Zubereitung:

Die weißen Bohnen abtropfen lassen und in eine Schüssel geben.
Die Zwiebel und die Knoblauchzehen schälen und fein würfeln.
Die Kirschtomaten waschen, und die Tomaten halbieren. Mit der Zwiebel und dem Knoblauch zu den Bohnen geben.

Die Kresse und Petersilie waschen, fein schneiden und unter die Bohnen heben.
Für das Dressing alle Zutaten: vermischen.
Das Olivenöl einrühren und den Bohnensalat damit anmachen. Im Kühlschrank durchziehen lassen.
Den Halloumi in Scheiben schneiden, mit Olivenöl bestreichen und auf den Grill garen.
Den weißen Bohnensalat anrichten, mit dem Grillkäse belegen und sofort servieren.

Kartoffelsteaks

Zutaten für 4 Personen:

800 g Kartoffeln
Salz und Pfeffer
1 kleine Zwiebel
½ Bund gemischte Kräuter (Petersilie, Thymian, Oregano, Schnittlauch)
100 g gekochte grüne Erbsen
100 g Weizenmehl
2 Eigelbe
1 Prise gemahlene Muskatnuss
20 g Butter
4 EL Sonnenblumenöl
1 mittelgroßer Zucchino

Zubereitung:

Kartoffeln waschen, schälen und mit wenig Salzwasser garen. Zwiebel schälen und hacken. Die gemischten Kräuter zupfen, waschen und trocknen.
Grünen Erbsen mit dem Wiegemesser zerquetschen. Die gar gekochten Kartoffeln abgießen, etwas ausdampfen lassen und noch heiß durch die Presse drücken.

Mehl, Eigelb, Kräuter und Erbsenmus kräftig unter den Kartoffelbrei mengen. Salzen, pfeffern, mit Muskat sowie einem Stich Butter verfeinern.

Mit nassen Händen aus dem Kartoffelteig flache Steaks formen. Auf den Oberflächen rautenförmig einschneiden und mit Sonnenblumenöl bepinseln. Zucchino waschen, in dünne Scheibchen schneiden, salzen und pfeffern.

Den Tischgrill oder den heißen Stein erhitzen, mit etwas Öl bepinseln und leicht salzen. Die Kartoffelsteaks mit den Zucchinischeiben auf die Grillplatte legen und von beiden Seiten knusprig braten.

Ananas-Garnelen-Spieße

FÜR 4 PERSONEN
ZUBEREITUNGSZEIT: 15 MIN.
MARINIERZEIT: 30 MIN.
GRILLZEIT: 2 BIS 4 MIN.

ZUTATEN FÜR DIE VINAIGRETTE:

4 EL frisch gepresster Limettensaft
3 EL Erdnussöl
1 EL gesüßter Reisessig (Sushi-Essig)
1 TL abgeriebene Bio-Limettenschale
1 TL Sojasauce
1 TL Chilipulver

450 g große Garnelen (Größe 21/30), geschält, Darm entfernt, mit
Schwanzsegment 1 kleine reife Ananas, Fruchtfleisch in größere Stücke geschnitten (etwa 300 g) 1 Bund Frühlingszwiebeln, nur die weißen und hellgrünen Teile in 5 cm lange Stücke geschnitten

ZUBEHÖR:
METALL- ODER HOLZ-SPIESSE (HOLZSPIESSE MIND. 30 MIN. GEWÄSSERT)

Die Zutaten für die Vinaigrette in einer großen Schüssel mit dem
Schneebesen verrühren. 4 EL davon in einer kleinen Schale
beiseitestellen.

Garnelen, Ananas und Frühlingszwiebeln in die große Schüssel zur
Vinaigrette geben und gut vermischen und 30 Min. ziehen lassen.

Garnelen, Ananas und Frühlingszwiebeln abwechselnd auf Spieße
ziehen, restliche Vinaigrette in der großen Schüssel weggießen.

Den Gasgrill für direkte starke Hitze (230–290 °C) erhitzen.

Die Spieße über direkter starker Hitze bei geschlossenem Deckel 2–4 Min. grillen, dabei ein- bis zweimal wenden, bis die Garnelen sich auf Druck etwas fest anfühlen und im Kern nicht mehr glasig sind und Ananas und Frühlingszwiebeln ein wenig gebräunt sind. Vom Gasgrill nehmen, die Spieße auf Tellern anrichten und mit der beiseitegestellten Vinaigrette beträufeln und warm servieren.

Gegrillter Camembert mit Himbeersoße

12 kleine Camemberts
400 g Himbeeren
1 Chilischote, fein gehackt
4 EL Dijonsenf
5 EL Essig
4 EL Reissirup
1 Handvoll frischer Schnittlauch, frisch gehackt
10 EL Olivenöl
Salz und Pfeffer zum Abschmecken

Die Himbeeren mit der Chilischote und dem Schnittlauch in einem Mixer zu einer Creme vermischen.

Für das Dressing in einer separaten Schüssel den Essig, Senf, Reissirup, das Salz und den Pfeffer miteinander vermischen. Dann das Öl hinzufügen.

Den Käse mit Honig bestreichen und auf den Grill geben, eventuell mit Alufolie bedecken. Vom Grill nehmen und mit der Himbeersoße und dem Dressing beträufeln.

Eisbombe vom Grill mit Champagner-Fruchtspieß

Dauer: 45 Minuten

Portionen: Für eine Person

Zutaten:

Für das Eis:
1 Kugel Vanilleeis
1 Kuchen, Tartelette
2 Eiweiß
2 Esslöffel Puderzucker
1 Mango

Für die Spieße:
Obst nach Wahl
1 Teelöffel Vanillezucker
1 Teelöffel Rohrzucker
Champagner

So wird es gemacht:
Früchte waschen, putzen und in mundgerechte Stücke schneiden. Champagner und Früchte in eine Schüssel geben und miteinander vermischen. Rohrzucker und Vanillezucker dazugeben und alles gut miteinander vermengen. Für mindestens zehn Minuten ziehen lassen.

In der Zwischenzeit Puderzucker und Eiweiß in eine Schüssel geben und zu Eischnee verarbeiten. Mango schälen, waschen, entkernen und in kleine Würfel schneiden. Mango auf den Tartelleten verteilen. Eiskugel drauf setzen und mit dem Eischnee ummanteln. Das Ganze für 3 Minuten auf dem Grill grillen.
Die Früchte aufspießen und pro Seite für eine Minute jeweils grillen. Mit dem Eis gemeinsam servieren.

Grilled Emu (Australien)

Zutaten:
500g Emubrustfilet
1 Stange Lauch
200 ml Sojasauce
100 ml Brandy
3 EL Olivenöl
4 EL Hühnerbrühe
1 Scheibe Orange
1 EL brauner Zucker
Schaschlikspieße

Zubereitung:
Zuerst einmal muss das Fleisch in Streifen geschnitten werden. Diese sollten ca. eine länge von 10cm und eine breite von 2cm haben. Danach den Lauch für 30 Sekunden in Salzwasser kochen lassen und danach in Eiswasser abschrecken. Danach die Fleischstreifen auf die Lauchstreifen legen und alles auf die Spieße draufstecken.
Alle restlichen Zutaten müssen in einen Topf gegeben werden und zur Hälfte eingekocht werden. Dann die orange rausnehmen
Die im ersten Schritte vorbereiteten Spieße auf jeder Seite ca. 30 Sekunden lang grillen und dann 5 Minuten fertig grillen. Währenddessen immer wieder etwas Marinade aus dem Topf zum Einstreichen der Spieße verwenden.

Danach mit der restlichen Marinade als Dip servieren.

Brokkolisalat

Zutaten für 4-6 Portionen

1-2 Bio-Orangen
40 g Rosinen
300 g Brokkoli
2 EL Weißweinessig
Prise Salz und Pfeffer
2 TL milder Honig
2 EL Olivenöl
1 rote Zwiebel
30 g Sonnenblumenkerne
150 g Schmand
2 EL Schnittlauchröllchen

Zubereitung:

Von einer Bio-Orange 1 TL Schale dünn abreiben und aus beiden Orangen 200 ml Saft auspressen. 150 ml Orangensaft aufkochen. Mit den Rosinen mischen und quellen lassen. Brokkoli waschen und in kleine Röschen schneiden. Restlichen Orangensaft, Essig, etwas Pfeffer, Salz, 1 TL Honig und Öl vermischen. Mit den Brokkoliröschen mischen und für 20 Minuten in die Marinade geben.
Zwiebel klein würfeln und unter den Brokkoli heben. Die Sonnenblumenkerne in einer Pfanne ohne Zugabe von Öl anrösten, auf einem Teller abkühlen lassen.

Die Rosinen abgießen, den Sud auffangen. Mit dem Schmand, dem restlichem Honig und etwas Pfeffer und Salz vermengen.
Rosinen und Sonnenblumenkerne unter den Brokkoli mischen, mit dem Schmand Dip anrichten. Mit Schnittlauch bestreuen und servieren.

Brokkoli mit Zitrone vom Grill

FÜR 4 PERSONEN
ZUBEREITUNGSZEIT: 5 MIN.
VORBEREITUNGSZEIT: 10 MIN.

500 g Brokkoliröschen
5 EL geriebener Parmesan
2 EL Olivenöl
1 EL fein abgeriebene Schale von 1 Bio-Zitrone
2½ TL grobes Meersalz

ZUBEHÖR:
GELOCHTE GRILLPFANNE

Einen großen Kochtopf zu zwei Dritteln mit Wasser füllen. 2 TL Salz hinzufügen und das Wasser zum Kochen bringen. Den Brokkoli hineingeben und 3-5 Min. garen, bis er hellgrün und knackig-zart ist. Den Brokkoli mit einer Schaumkelle herausheben und sofort in Eiswasser tauchen, damit er rasch abkühlt. Anschließend abgießen und abtropfen lassen.
Den Gasgrill für direkte mittlere Hitze (180–230 °C) erhitzen.
Die gelochte Grillpfanne 10 Min. über direkter mittlerer Hitze vorheizen.

In einer großen Schüssel das Öl, die Zitronenschale und ½ TL Salz vermischen und den Brokkoli darin schwenken.

Die Brokkoliröschen nebeneinander in der Grillpfanne verteilen. Über direkter mittlerer Hitze bei geschlossenem Deckel 4-6 Min. grillen, bis sie warm sind und leicht zu bräunen beginnen. Gelegentlich wenden.

Den Brokkoli vom Gasgrill nehmen und mit Parmesan bestreuen. Warm servieren.

Artischocken mit Gorgonzolasoße

12 Artischocken
16 EL Olivenöl
Saft von 3 Zitronen
200 ml Joghurt
70 g Gorgonzola
350 ml Öl
Salz

Zuerst die äußersten Blätter der Artischocken entfernen. Dann die Artischocken mit einem guten Messer der Länge nach halbieren und mit etwas Zitronensaft und Olivenöl beträufeln und salzen. Nun in etwas Alufolie legen und gut zusammendrücken.

In einer Schüssel den Joghurt mit dem Gorgonzola, etwas Öl und Zitronensaft zu einem Dressing vermischen.

Auf den Grill legen und für ca. 20 Minuten von allen Seiten durchgaren.

Die Artischocken mit der Soße servieren.

Gegrillte Sojasteaks mit veganem Zaziki Dip

FÜR 6 PERSONEN
ZUBEREITUNGSZEIT: 20 MIN.
MARINIERZEIT: BIS ZU 45 MIN.
GRILLZEIT: 5 BIS 10 MIN.

ZUTATEN FÜR DIE DIPP:

500 g Soja-Jogurt
½ Salatgurke, halbiert, entkernt und in kleine würfel geschnitten
2 Knoblauchzehen, fein gehackt
3 EL Olivenöl
1 EL frische Minze, grob gehackt
1 EL Essig
Salz und Pfeffer

ZUTATEN FÜR DIE MARINADE:

250 ml Ketchup
250 ml BBQ Sauce
2 EL Ahornsirup
2 EL Senf
1 EL Paprika
1 EL Cayennepfeffer

1 EL Knoblauchpulver
1 TL Steakgewürz
1 TL Apfelessig
1 EL grobes Mehrsalz
1 EL schwarzer Pfeffer

6 Big Steaks
1 Liter Gemüsebrühe

Alle Zutaten für den Dipp in einer kleinen Schüssel vermengen und gekühlt beiseitestellen.
Soja-Big-Steaks in Gemüsebrühe einweichen und 15 Minuten ziehen lassen. Immer wieder umrühren, damit sie unter Wasser kommen und jede Stelle gut einweichen kann.
In der Zwischenzeit alle Zutaten für die Marinade verrühren. Das Wasser aus den Steaks gut auspressen, die Steaks in die Marinade legen und damit einreiben und mindestens 30 Min. in der Marinade ziehen lassen.
Steaks aus der Marinade nehmen und Wasser aus den Steaks gut auspressen, restliche Marinade wegschütten. Unter mehrmaligem Wenden 5-10 Min. gut durch braten.
Die Steaks vom Gasgrill nehmen und 5 Min. ruhen lassen. Steaks auf Tellern anrichten und warm mit dem Dipp servieren. Nach Belieben Salat dazu reichen.

Brokkoli, Mandelsplitter und Zitrone

Brokkoli auf dem Grill kennt man so gar nicht ... schmeckt aber dennoch. Besonders mit Mandelsplitter, Zitrone und frischem Knoblauch. Diese Alu-Taschen sind schnell vorbereitet und einzigartig in ihrem Geschmack.

Zutaten für 2 Personen:
250 g Brokkoli
1/2 Zitrone
1 1/2 EL Hefe
1 Knoblauchzehe
Salz zum Abschmecken

Zubereitung:
Brokkoli braucht, ähnlich wie Kürbis, seine Zeit um gar gegrillt zu werden. Deswegen kochen wir auch den Brokkoli, in kleine Röschen gezupft, für 7 Minuten im dampfenden Wasserbad. Währenddessen Zitronensaft mit den Gewürzen und dem frisch gepressten Knoblauch zu einer Marinade vermengen. Die Hefe erhitzen und die Marinade hinzugeben. Dann folgen die Brokkoli-Köpfchen. So mariniert kann der Brokkoli, in Alu-Folie gewickelt, für weitere 7 Minuten auf den Grill. Ungewöhnlich knackiger Grillgenuss!

Leckere gegrillte Nektarine

2 Personen

Zutaten:

3 Nektarinen
2 Rosmarin zweige
Olivenöl
Balsamicoessig

Zubereitung:

Nektarinen halbieren und mit Öl die Flächen einpinseln. Für 5 Minuten mit dem Fruchtfleisch unten auf den Grillrost legen, wenden und weitere 4 Minuten grillen. Mit Balsamicoessig beträufeln, den gehackten Rosmarin darüber streuen und servieren. Dazu passt frisch gegrilltes Fleisch.

Köstlicher Mutzbraten

Zutaten für 4 Portionen:
- 1,3 kg Schweinenacken
- 270 ml Schwarzbier
- 1 Prise Salz
- 1 Knoblauchzehe
- 1 Prise Chilipulver
- 1 EL gehäuft Majoran
- 1 EL gehäuft Thymian
- 1 EL Senf
- 1 EL Öl zum Bepinseln

Zubereitung:

1. Den Knoblauch klein hacken. Sämtliche Gewürze in einer Schüssel gut zu einer Marinade verrühren.
2. Das Fleisch in große Würfel (ca. 8 x 8 x 8 cm) schneiden und in die Marinade schichten. Den Ansatz dann einen Tag (über Nacht) zugedeckt in den Kühlschrank stellen, gelegentlich durchmischen.
3. Etwa 4 Stunden vor dem Essen die Fleischstücke auf möglichst große Spieße stecken und dabei grob abtropfen lassen. Schon beim Aufstecken darauf achten, dass das Fleisch nicht so tief runter hängt.
4. Die fertigen Spieße auf ein tiefes Backblech legen, und zwar so, dass sie nicht den Boden berühren. Das Blech mit dem Fleisch auf eine Seite des Grills legen, dort keine Flamme anmachen. Den einen "freien Brenner" zünden und auf maximale Leistung regeln. Darüber eine Form aus leicht durchlöcherter

Alu-Folie mit Buchenspänen (idealerweise 1 Tag vorher einweichen) legen, um einen guten Rauch zu erzeugen. Den Deckel des Grills komplett schließen, in der Glocke entstehen dann ca. 180 °C.
5. Nach etwa 4 Stunden bei gelegentlichem Drehen und mit Öl Bepinseln ist da Fleisch super toll zart und zum Verzehr bereit. Es wird hier nicht so dunkel wie bei einem richtigen Mutzbratengrill, schmeckt aber genauso gut.

Gefüllte Datteln im Speckmantel

Zubereitungszeit: 15 Minuten
Portionen: 20

Zutaten:

- 20 entsteinte Datteln
- 100 g Frischkäse
- 10 Scheiben Speck
- Spieße

Zubereitung:
1. Die Datteln mit Frischkäse füllen und mit Speck ummanteln.
2. Anschließend auf Spieße geben und grillen.

Whiskey - Butter perfekt zu Steaks und allem anderen Gegrillten

Zutaten

250 g Butter
1 kleine rote Zwiebel
1 Knoblauchzehe
1 EL flüssiger Honig
2 EL irischer Whiskey
Pfeffer, schwarzer aus der Mühle
Meersalz

Zubereitung

- Die handwarme Butter in eine Schüssel geben.
- Honig und Whiskey zu der Butter geben. Zwiebel und Knoblauch feinhacken und ebenfalls hinzugeben.
- Die Mischung nun mit einer Gabel komplett durchmischen. Nach Geschmack mit Pfeffer und Meersalz abschmecken.
- In einer kleinen Dose abfüllen und im Kühlschrank kaltstellen.

Whiskey – Butter

Perfekt zu Steaks und allem anderen Gegrillten

Zutaten

250 g Butter
1 kleine rote Zwiebel
1 Knoblauchzehe
1 EL flüssiger Honig
2 EL irischer Whiskey
Pfeffer, schwarzer aus der Mühle
Meersalz

Zubereitung

Die handwarme Butter in eine Schüssel geben.

Honig und Whiskey zu der Butter geben. Zwiebel und Knoblauch feinhacken und ebenfalls hinzugeben.

Die Mischung nun mit einer Gabel komplett durchmischen. Nach Geschmack mit Pfeffer und Meersalz abschmecken.

In einer kleinen Dose abfüllen und im Kühlschrank kaltstellen.

Lammschaschlik

Zutaten:
750g Lammfleisch (Lende, Rücken, Kotelettstücke)
2 Lammnieren
3 EL Zitronensaft
6 EL Olivenöl
125g Champignons
2 grüne Gemüsepaprika
8 Kirschtomaten
Salz

Einfach und deftig zugleich. Wer die Nieren nicht mag, kann auch auf sie verzichten.

Zubereitung:
Fleisch in mundgerechte Würfel schneiden, Nieren halbieren, entkernen und ebenfalls in gleichgroße Stücke schneiden. Beides in einer Mischung aus Zitronensaft und Olivenöl geben und zwei bis drei Stunden zugedeckt und gekühlt ruhen lassen. Champignons und Gemüsepaprika waschen und in passend große Stücke schneiden. Spieße ölen und auf diese abwechselnd Fleisch, Pilze, Paprika und Tomaten aneinanderreihen.
Spieße von beiden Seiten 5 bis 6 Minuten grillen und währenddessen mit restlicher Marinade bestreichen. Vor dem Servieren salzen.

Gegrilltes Creme de Choco Eis

Gegrilltes Eis? Nein wirklich! Wie lecker! Wie verzückend! Was für ein Genuss! Was für ein Gedicht! ... und dann noch mit Schokolade. Eine wahre Genuss-Wonne! Eine Eiskugel, die es in sich hat. Einfach lecker!

Zutaten für 2 Portionen:
2 Kugeln Schokoladeneis
1 Ei
30 g Zucker
50 g Kokosmehl
1/2 Tl Backpulver
eine Priese Salz

Zubereitung:
Zwei Eiskugeln separat für ein Minimum von einer Stunde einfrieren. In der Zwischenzeit bereiten wir die knusprige Marinade vor. Wir beginnen damit Eiweiß steif zu schlagen, um anschließend Zucker und Salz einzustreuen. Dann wird das Eigelb untergehoben. Backpulver und Mehl vermischen und mit den Eiern vermengen. Nun sollte ein Teig entstanden sein, den wir so dünn wie möglich ausrollen. Diesen Teig backen wir für 20 Minuten bei 200°C Umluft vor. Wir möchten einen Teig, der weich und dehnbar ist und nicht zerbrechen kann. So aus dem Ofen geholt, lassen wir

den Teig abkühlen und schneiden anschließend 2 gleich große Quadrate aus. In deren Mitte platzieren wir unser Schokoladeneis und falten das Quadrat gründlich zusammen. Ab auf den Grill mit den Teigtaschen und zwar für eine Minute ... dann schon können die Schokobomben genossen werden.

Scharfe Tomaten Champignon-Pfanne

4 Personen

Zutaten:

25 Cocktailtomaten, halbieren
850 g Champignons, halbieren
2 Knoblauch Zehen, fein würfeln
3 Zwiebeln, vierteln
520 ml Gemüsebrühe
12 Basilikum Blätter
Tabasco nach Belieben
Salz, Pfeffer

Zubereitung:

In einem Wok oder einer Grill geeigneter Pfanne die Zwiebel mit dem Knoblauch in der Gemüsebrühe anschwitzen dann die Champignons zugeben und bei geschlossenem Deckel ca. 10 Minuten garen, bis mindestens die Hälfte der Brühe verkocht ist. Die Cocktailtomaten zugeben, mit Pfeffer, Salz und Tabasco nach Belieben würzen und vorsichtig vermengen. Die Basilikumblätter auf der Pfanne anrichten und Servieren.

Asiatische Hähnchenspieße mit Chinakohl

Zutaten für 4 Portionen:
- 2 Orangen
- 2 TL Honig
- 4 EL Sojasauce
- 4 Hähnchenbrustfilets (ca. 300 g)
- 1 Limette
- 350 g Seidentofu
- 2 TL Sesamöl

- Salz

- Pfeffer
- 8 EL Sesam
- 6 Frühlingszwiebeln
- 1 kleiner Chinakohl (ca. 300 g)
- 2 rosa Grapefruits

Zubereitung:

Die Orangen halbieren und auspressen. 250 ml Orangensaft in einem kleinen Topf um die Hälfte einkochen lassen. Honig und Sojasauce einrühren. Hähnchenfleisch gut waschen, trockentupfen und in etwa 1 cm große Würfel schneiden.

Je 3 oder 4 Stücke Fleisch auf kleine Spieße stecken und die Spieße in eine flache Auflaufform legen. Mit dem Orangensud begießen und mindestens 1 Stunde mit

Frischhaltefolie bedeckt im Kühlschrank ziehen lassen (marinieren).

Derweil Limette auspressen. Seidentofu, Sesamöl, Salz, Pfeffer und 2 TL Limettensaft in einer Schüssel verrühren.

Sesam in einer Pfanne leicht rösten, kurz abkühlen lassen. 1 TL zurücklegen, den Rest unter die Tofusauce mischen.

Frühlingszwiebeln putzen, waschen und das Weiße und Hellgrüne in dünne Ringe schneiden.

Chinakohl putzen, waschen und in feine Streifen schneiden.

Die Grapefruits so dick schälen, dass sämtliche weiße Haut entfernt ist. Fruchtfleisch klein schneiden.

Chinakohl, Zwiebeln, Grapefruitstücke und Tofusauce mischen und 15 Minuten ziehen lassen. Mit Salz und Pfeffer würzen.

Hähnchenspieße abtropfen lassen.

Den Gasgrill anmachen und die Spieße bei offenem Deckel von jeder Seite ca. 3-4 Minuten schön grillen. Mit dem Salat auf Tellern anrichten und mit dem zurückgelegten Sesam bestreut servieren.

Tsatsiki mit Kichererbsen

Zubereitungszeit: 25 Minuten
Portionen: 4

Zutaten:

500 g griechischer Joghurt
2 Knoblauchzehen
½ Salatgurke
½ Zitrone
200 g vorgekochte Kichererbsen
1 EL schwarzer Sesam
Meersalz und Pfeffer
Zubereitung:
Den Sesam ohne Öl in einer Pfanne anrösten.
Nun die Zitrone auspressen, den Knoblauch schälen und hacken, die Gurke säubern und würfeln. Anschließend alle Zutaten vermengen.

Pitabrot vom Grill

Zutaten

250 g Mehl
250 ml lauwarmes Wasser
10 g Zucker
2 EL Olivenöl
1 Pck.. Trockenhefe
etwas Salz
etwas Olivenöl, für die Schüssel

Zubereitung

Geben Sie den Zucker mit dem lauwarmen Wasser und der Hefe in eine Schüssel.
Für ca. 15 Minuten an einem warmen Ort gehen lassen.

Das Mehl mit der Hefe-Wasser-Zucker-Mischung langsam für 10 Minuten in der Küchenmaschine oder mit den Händen verkneten.
Geben Sie nun etwas Salz hinzu.
In eine mit Olivenöl ausgestrichenen Schüssel geben und mit einem Tuch bedecken und für weitere 30 Minuten an einem warmen Ort gehen lassen, bis der Teig sein Volumen verdoppelt hat.
Anschließend den Teig erneut kurz durchkneten und in 10 - 12 Stücke teilen.
Jedes Stück zu einem Fladen ausrollen. Sie sollten jedoch noch ca. ½ cm dick sein.
Die Fladen nochmals ca. 20 Minuten gehen lassen und dann bei mittlerer Hitze auf dem Grill ca. 2 - 3 Minuten pro Seite grillen.

Pitabrot vom Grill

Zutaten
250 g Mehl
250 ml lauwarmes Wasser
10 g Zucker
2 EL Olivenöl
1 Pck.. Trockenhefe
etwas Salz
etwas Olivenöl, für die Schüssel

Zubereitung

Geben Sie den Zucker mit dem lauwarmen Wasser und der Hefe in eine Schüssel.

Für ca. 15 Minuten an einem warmen Ort gehen lassen.

Das Mehl mit der Hefe-Wasser-Zucker-Mischung langsam für 10 Minuten in der Küchenmaschine oder mit den Händen verkneten.

Geben Sie nun etwas Salz hinzu.

In eine mit Olivenöl ausgestrichenen Schüssel geben und mit einem Tuch bedecken und für weitere 30 Minuten an einem warmen Ort gehen lassen, bis der Teig sein Volumen verdoppelt hat.

Anschließend den Teig erneut kurz durchkneten und in 10 - 12 Stücke teilen.

Jedes Stück zu einem Fladen ausrollen. Sie sollten jedoch noch ca. ½ cm dick sein.

Die Fladen nochmals ca. 20 Minuten gehen lassen und dann bei mittlerer Hitze auf dem Grill ca. 2 - 3 Minuten pro Seite grillen.

Karottensalat mit Joghurt

Zutaten:
300 g Süzme-Joghurt
4 große Karotten
1 bis 2 gepresste Knoblauchzehen
3 EL Olivenöl
1 Prise Salz und Pfeffer

Ein sehr erfrischender, leckerer Salat, der bestens mit deftigem Grillgut harmoniert und als Aufstrich auf Fladenbrot auch eine gute Figur macht. Am besten mit türkischem Süzme-Joghurt zubereiten, oder aber mit griechischem Joghurt (der eigentlich ja sehr ähnlich ist..).

Zubereitung:
Karotten schälen, das obere Ende abschneiden und dann eine Viertelstunde kochen, sodass sie nicht zu weich wird. Wasser abgießen und warten, bis die Karotten abgekühlt sind. Joghurt mit Knoblauch und Olivenöl in einer Schüssel vermischen. Karotten mit einer Reibe zerkleinern und

mit dem Jogurt vermischen. Mit Salz und Pfeffer abschmecken, die Mischung gut verrühren und anschließend über Nacht in den Kühlschrank stellen.

Jakobsmuscheln serviert auf Spinat

Weil sie so lecker sind, gibt es noch ein Rezept, bei dem die Jakobsmuscheln unsere Geschmacksknospen stimulieren dürfen. Hier werden sie auf saftigem Spinat angerichtet. Eine wahre Delikatesse. Köstlich. Saftig. Einfach gut.

Zutaten für zwei Personen:
150 g Spinat
1/2 Schalotte, in dünne Ringe geschnitten
2 Knoblauchzehen
1/2 Ei
6 Jakobsmuscheln
2 El Creme fraiche
40 g Parmesan
1/2 El Paniermehl
Pfeffer, Salz, Muskat zum Abschmecken

Zubereitung:
Die Jakobsmuscheln werden bei mittlerer Hitze auf dem Grill zum Brutzeln gebracht. Deswegen heizen wir diesen auch schon vor. Hinzu kommt, dass wir den Spinat auf einer Grillplatte zubereiten. Diese reiben wir mit etwas Rapsöl ein und schwitzen Spinat, Schalotten und Knoblauch auf diesem an. Währenddessen bereiten wir die Marinade vor. Dazu wird das Creme fraiche mit den Gewürzen, dem Ei und dem Parmesan vermengt. Diese Gewürzmischung wird unter den Spinat gehoben.Nun können auch die Jakobsmuscheln

auf das Grillrost gegeben werden. Kurz anbraten lassen und gemeinsam mit dem Spinat servieren.

Kebab Spieße

4 Portionen

Zutaten:

120 g fettarmer griechischer Joghurt
2 EL gehackter frischer Dill
1 EL geriebene Zitronenschale
1 EL frischer Zitronensaft
1 TL Salz
450 g Rindersteak
2 EL Olivenöl
1 TL Koriander
1 TL schwarzer Pfeffer
8 Holz Spieße

Zubereitung:

Heizen Sie den Grill hoch auf 220°C. Vermengen Sie Joghurt, Dill, Zitronensaft + Schale und 1/4 TL Salz in einer kleinen Schüssel; gut umrühren. Schneiden Sie das Steak in 16 Streifen. Fleisch mit Öl; mit Koriander, Pfeffer und restlichen 3/4 TL Salz bestreuen. Fädeln Sie 2 Streifen auf jeden Spieß. Die Spieße auf einen mit Öl oder beschichteten Grillrost legen. Grill, aufgedeckt, 90 Sekunden auf jeder Seite anbraten. Mit Joghurtsoße servieren. Bei Bedarf mit Zwiebeln garnieren

Filetspieße mit Zucchini

Zutaten für 4 Portionen:
- 100 ml Öl
- 50 ml Sojasauce
- 2 EL Worcestershiresauce
- 1 EL Zitronensaft
- 2 EL Senf, mittelscharf
- 1 TL Salz
- 1 TL Pfeffer
- 800 g Schweinefilets
- 250 g Speck, Frühstücksspeck (Bacon) in Scheiben
- 2 m.-große Zwiebel
- 2 Zucchini

Zubereitung:

Die Zutaten für die Marinade gut vermischen. Schweinefilet waschen, abtupfen und in 2 cm dicke Stücke schneiden. In der Marinade mindestens 5 Stunden, am besten über Nacht einlegen.

Vor dem Grillen:

Schaschlik-Spieße in Wasser einlegen. Grill anheizen. Zwiebeln achteln. Zucchini waschen. Die Zucchini mit dem Sparschäler längs in Scheiben schneiden. Jeweils eine Scheibe Speck nehmen und ein Stück Fleisch damit so einwickeln, dass der Speck einen Rand um das Filet bildet, in der Mitte aber das Filet zu sehen ist. Nun abwechselnd Zwiebeln, eingewickelte Filet - Stücke und Zuccini, diese wellenartig oder gerollt, aufspießen.

Die Spieße auf dem heißen Grill von beiden Seiten schön goldbraun braten und mit einer fruchtigen Barbeque Sauce oder Tzatziki- Sauce servieren.

Limettenbutter mit Sauerkirschen

Zubereitungszeit: 15 Minuten
Portionen: 4

Zutaten:

300 g weiche Butter
1 Limette
50 g getrocknete Sauerkirschen
2 EL Rotwein
4 EL gehackte Mandeln
½ TL Vanille
Meersalz und Pfeffer
Zubereitung:
Die Limette auspressen, die Sauerkirschen in Rotwein einweichen, die Mandeln ohne Öl in einer Pfanne anrösten.
Anschließend alle Zutaten vermengen und mindestens 2 Stunden kühlstellen.

Tofu-Obst-Spieße

Zutaten

300 g Tofu
4 Spieße
8 EL Sojasauce
2 EL Wasser
1 TL Ingwerpulver
1/2 TL Curcuma
1/2 TL Curry
rotes Obst oder Gemüse (rote Paprika, rote Zwiebeln, Kirschen, Erdbeeren usw.)

Zubereitung

Den Tofu in zwei Zentimeter große Würfel schneiden. Aus Sojasauce, Wasser und den Gewürzen eine kräftige Marinade anrühren und die Tofuwürfel darin mindestens zwei Stunden lang einlegen. Sie nehmen dabei, außer einem guten Geschmack, auch eine gelbe Farbe an.

Den Tofu herausnehmen, gut abtropfen lassen und die Würfel von allen Seiten knusprig anbraten. Das kann entweder mit etwas Öl in einer Pfanne geschehen (wenn die Spieße schon vorbereitet werden sollen) oder auf dem Grill.

Die Tofuwürfel abwechselnd mit den roten Obst- oder Gemüsestücken auf Spieße stecken und auf dem Grill garen

Spanische Kartoffelspieße

Zutaten für 4 Portionen:
- 20 kleine Kartoffel, festkochende
- 10 Scheiben Chorizo, etwa 5 mm dicke Scheiben
- 2 Zehen Knoblauch
- 4 EL Olivenöl
- etwas Meersalz

Zubereitung:

Die Kartoffeln in der Schale etwa 10 Minuten in Salzwasser kochen lassen, danach abgießen und halbieren.
Die Chorizoscheiben halbieren. Den Knoblauch schälen und feinst hacken, dann mit dem Olivenöl verrühren. Die Kartoffeln auf der Schnittseite mit Knoblauchöl bepinseln. Zwischen 2 Kartoffelhälften je eine halbe Scheibe Chorizo legen und 5 Chorizokartoffeln auf je einen Holzspieß stecken. Die Spieße am Rand eines Grills (oder einfach indirekt) etwa 10 Minuten unter mehrmaligem Drehen grillen, dabei mit dem restlichen Öl bepinseln.

Zitronenhähnchen

Zutaten für 4 Portionen:
- 4 Hähnchenbrustfilets
- 2 EL Honig
- 2 EL Olivenöl
- 2 EL Minze, frisch, fein gehackt
- 1/2 TL Koriander, gemahlen
- 1 Zitrone
- 1 Orange
- 2 Knoblauchzehen
- etwas Salz und Pfeffer

- Für die Garnitur:
- einige Minze - Zweige, frische und Zitrus-Zesten

Zubereitung:

Die Hähnchenbrustfilets in ca. 2,5 cm große Stücke schneiden und in einen großen Gefrierbeutel geben. Eine Orange und eine Zitrone fein abreiben und jeweils den Saft auspressen. Die Knoblauchzehen schälen und durch die Knoblauchpresse drücken. Zusammen mit dem Honig, dem Olivenöl, der Minze und dem Koriander in eine kleine Schüssel geben und mit dem Zauberstab gut verrühren. Mit Salz und Pfeffer herzhaft abschmecken.
Diese Marinade zum Fleisch in den Beutel füllen, den Beutel fest verschließen und alles mit den Händen schön fest "durchkneten", bis alle Fleischwürfel mit der Marinade umgeben sind. Mindestens 8 Stunden im

Kühlschrank durchziehen lassen; dabei den Knetvorgang ab und zu wiederholen.
Den Gasgrill nun anheizen.
Währenddessen die Hähnchenwürfel aus der Marinade nehmen und auf Küchenkrepp abtropfen lassen. Die Marinade aufbewahren.
Nun die Fleischwürfel auf lange Metallspieße (Schaschlick-Spieße) stecken. Dabei darauf achten, dass sie nicht zu dicht nebeneinander gesteckt werden, da sie sonst nicht gleichmäßig garen und in der Mitte ein wenig roh bleiben.
Die Zitronenhähnchenspieße auf dem Grill bei mittlerer Hitze ca. 6 - 10 Minuten grillen lassen; dabei unbedingt regelmäßig wenden und immer wieder mit der Marinade bestreichen. Nicht zu dunkel werden lassen.
Die fertig gegrillten Spieße auf einer großen Servierplatte anrichten, mit ein paar Minze-Zweigen und Zitrus-Zesten garnieren und sofort servieren.

Schaschlikspieße

Zubereitungszeit: 1 Stunde und 25 Minuten
Portionen: 4

Zutaten:

3 Zwiebeln
2 rote Paprika
300 g Schweinenacken
100 ml dunkles Bier
2 EL Aprikosenmarmelade
1 EL Rapsöl
1 TL getrockneter Rosmarin
Meersalz und Pfeffer
Spieße
Zubereitung:
Die Aprikosenmarmelade, das Öl, den Rosmarin, Gewürze und Bier vermengen.
Nun das Fleisch säubern, abtupfen, in mundgerechte Stücke schneiden und mindestens eine Stunde mariniert kühlstellen.
In der Zwischenzeit die Paprika säubern, entkernen und in grobe Stücke schneiden, die Zwiebel schälen und vierteln.
Jetzt die Zutaten auf die Spieße geben und grillen.

Zucchini - Tomaten - Zwiebel – Puten-Spieße

Zutaten

4Zwiebeln
4Putenschnitzel
8Kirschtomaten
2Zucchini
Sojasauce
Salz und Pfeffer, frisch gemahlen
Zubereitung

Die Putenschnitzel waschen, abtrocknen und in Stücke schneiden.
Auf Spieße stecken und beiseitestellen.
Die Zwiebeln schälen und in Viertel schneiden.
Die Zucchini in ein Zentimeter dicke Scheiben schneiden.
Auf Holzspieße im Wechsel Pute, Zucchini, Kirschtomaten und Zwiebeln spießen. Mit Salz und Pfeffer würzen und mit Sojasauce marinieren.

15 bis 20 Minuten grillen, dabei regelmäßig wenden.

Veganes Grillsteak

Zutaten
Für den Kochsud:

2 l Wasser
4 Sojasteaks
3 EL Gemüsebrühepulver
2 EL Paprikagewürz, edelsüß
Etwas Salz
frisch gemahlen Pfeffer
Für die Marinade:

Salz
Bratöl
Paprikagewürz, scharf
Sojasoße
Paprikagewürz, edelsüß
Pfeffer, frisch gemahlen
Petersilie (optional)
Gewürzmischung (optional)
Sojamehl (optional)
Chilipulver (optional)
Bohnenkraut (optional)

Zubereitung

Erst den Kochsud:

Bringen Sie 2 l Wasser mit Gemüsebrühepulver und eventuell weiteren Gewürzen zum Kochen. Die Brühe muss überwürzt sein.

Lassen Sie nun die Sojasteaks darin ca. 15 Minuten köcheln, bis sie weich sind.

Anschließend die Steaks mit Krepppapier gut trocknen.

Nun die Marinade: (die schnelle Variante)

Die Steaks mit Gewürzen (z.B. Salz, Pfeffer, Paprika edelsüß und scharf, Zwiebel, Knoblauch, Bohnenkraut und/oder mit fertiger Gewürzmischung) bestreuen und diese einreiben.

Sojasauce darüber geben und wieder einreiben.

Nun genügend Bratöl darüber geben und nochmal einreiben.

Dann die Steaks wenden und von der anderen Seite genauso würzen.

Anschließend braten oder grillen Sie die Steaks.

Die „Ich-habe-Zeit-Variante"

In einer Schale mit großer Fläche eine Marinade anrühren aus Bratöl, etwas Sojasauce, Sojamehl und diversen Gewürzen (sehr viel: Paprika edelsüß, viel: Paprika scharf, Pfeffer, Salz, Chili, Zwiebel, Knoblauch, etwas weniger: Cumin, Majoran, Oregano, Petersilie) oder fertige Gewürzmischungen (Gyros, Steak, Gulasch, Barbecue, Chili sin carne etc).

Die Steaks darin am besten ganz bedeckt mit Öl darin einlegen. Je geringer die Menge Öl, desto öfter macht es Sinn, die Marinade umzurühren und die Steaks zu wenden.

Je länger die Steaks darin liegen, desto besser ziehen sie durch.

Die Steaks nun 1-2 Tagen ziehen lassen, dann sind sie optimal.

Hähnchen-Garnelen-Burger

Zutaten für die Hacksteaks:
500g Hühnerbrustfilets
500g Garnelen
4 EL Mayonnaise
2 EL Sriracha (bzw. andere scharfe Soße wie Sambal Olek

Zum Würzen:
1 Glas Mayonnaise (500ml)
2 EL Sriracha
Burgerbrötchen (Rezept siehe unten bzw. gekauft)

Ein Gericht nach dem australischen Prinzip des „surf and turf", also einer Kombination aus Fleisch und Meeresfrüchten. Vorsicht, hier wird es richtig scharf! Hier sorgt nämlich Sriracha, die bekannte scharfe Soße aus Thailand, für ein schön feuriges Aroma.

Zubereitung:
Hühnerbrustfilets und Garnelen entweder durch den Fleischwolf drehen oder mit einem Küchenbeil in kleine Stücke hacken und vermengen. Die Hackmasse mit 4 EL Mayonnaise (als Bindemittel) aus dem Glas und Sriracha vermengen, die Masse zur gewünschten Anzahl von Hacksteaks formen. Auf den Grill legen und bei nicht zu großer Hitze garen, bis beide Seiten angebräunt und alles durchgegart ist.

In die restliche Mayonnaise 2 EL Sriracha geben, damit die Brötchen beschmieren, Hacksteak aufs Brötchen geben und servieren.

Huhn und Caipirinha

Warum nicht zwei leckere Sachen miteinander kombinieren und eine wahre Geschmacksexplosion zaubern? Wir wissen wie ... und zwar mit unserem Caipirinha Hühnchen. Es ist zart, es schmeckt mild und ganz besonders gut mit der selbstgemachten Marinade aus Südamerika.

Zutaten für zwei Personen:
2 Poulardenbrüste je 250 g
1 El Rohrzucker
1 Tl Meersaz
Abrieb von einer Limette
Chili

Zubereitung:
Die Poulardenbrüste gründlich waschen und zum Würzen vorbereiten. Für die Marinade werden alle Zutaten miteinander vermengt, so lange, bis sie sich alle vollständig aufgelöst haben. Dann dürfen die Poulardenbrüste mit der Marinade eingepinselt werden und gute 30 Minuten ziehen. Bei mittlerer direkter Hitze je Seite 10 Minuten grillen und für einige Minuten im Anschluss ruhen lassen. Erreicht die Kerntemperatur 73°C ist das Ergebnis optimal und ein schmackhaftes Essen kann genossen werden.

Gegrilltes Huhn

4 Personen

Zutaten:

3 EL. Balsamico Essig
1 TL Knoblauchpulver
2 EL. Honig
2 EL. extra-natives Olivenöl
2 TL Italienisches Gewürz
Salz und gemahlener schwarzer Pfeffer
4 Hähnchenbrust, knochenlose, Haut lose
4 Scheiben Mozzarella
4 Scheiben Avocado
4 Scheiben Tomate
2 EL. geschnittenes Basilikum
Balsamico-Creme zum garnieren

Zubereitung:

In einer kleinen Schüssel Balsamico-Essig, Knoblauchpulver, Honig, Öl und italienische Gewürze vermischen und mit Salz und Pfeffer würzen. Über die Hühnerbrüste gießen und 20 Minuten marinieren. Grill auf mittlere Hitze erhitzen. Hühnchen grillen, bis die Innentemperatur mit einem Sofortlesethermometer 80°C erreicht. Hühnchen mit Mozzarella, Avocado und Tomate belegen und Deckel schließe, 2 Minuten

schmelzen lassen
Mit Basilikum garnieren und mit Balsamico-Creme beträufeln.

Steak mit grüne Bohnen in Folie

1 Personen

Zutaten:

30 g. Sojasauce
3 Knoblauchzehen, gehackt
1 TL. Sesamsamen
1 TL. Sesamöl
Große Handvoll grüne Bohnen, Enden abgeschnitten
115 g Steak in dünne Streifen geschnitten
1 EL. Koriander, gehackt zum Garnieren

Zubereitung:

Aus einer Alufolie Stücke herausschneiden und beiseite legen. In der Schüssel Sojasauce, Knoblauch, Sesam und Sesamöl vermischen. Grüne Bohnen mit 1 EL. Soße marinieren und marinieren das Steak mit der Rest der Soße für 30 Minuten im Kühlschrank. Die grüne Bohnenschicht auf die Mitte der Folie legen und mit dem mariniertem Steak belegen. Falten Sie das Paket zusammen und stellen Sie sicher, dass es dicht ist. Wenn Sie fertig zum Kochen sind, legen Sie die versiegelte Päckchen für etwa 8 Minuten auf den heißen Grill oder über das Feuer, einmal umdrehen. Packung vom Grill nehmen und mit einem Messer oder Gabel durchstechen, damit der Dampf entweichen kann. Paket entfalten, mit Koriander garnieren und genießen.

Curry-Gewürzmischung

Zutaten:
- 2 EL Koriander, gemahlen
- 2 EL Kreuzkümmel (Cumin)
- 2 EL Kurkuma
- 1 EL Ingwerpulver
- 1 TL Senfsamen, gelbe
- 1 TL Bockshornklee
- 1/2 TL Zimt
- 1/2 TL Nelke
- 1 TL Kardamom, (grün)
- 1 TL Chilipulver, scharfes
- 1 1/2 TL Pfeffer, schwarzer
- 20 Curryblätter

Zubereitung:

Die ganzen Zutaten im Mörser oder Mixer fein mahlen. Mit den restlichen Zutaten in Pulverform vermengen. In einem gut verschließbaren Glas dunkel aufbewahren.

Spareribs

Zubereitungszeit: 2 Stunden und 30 Minuten
Portionen: 4

Zutaten:

2 Zwiebeln
2 Knoblauchzehen
1 Mango
3 cm Ingwer
1 Kilo Spareribs
200 ml Tomatenketchup
100 ml Apfelsaft
2 EL Chilisauce
2 EL Teriyakisauce
1 TL Paprikapulver edelsüß
1 TL Paprikapulver rosenscharf
1 TL Zimt
Meersalz und Pfeffer
Zubereitung:
Die Zwiebeln, den Ingwer und den Knoblauch schälen und hacken, die Mango schälen und entkernen.
Jetzt Ketchup, Apfelsaft, Chilisauce, Teriyakisauce, Gewürze und Mango in einen Mixer geben, Ingwer, Zwiebel und Knoblauch untermengen.
Anschließend das Fleisch für mindestens eine Stunde in der Mischung marinieren.
Jetzt schonend auf dem Grill garen.

Gegrillte Schweinelende

Zutaten

1Schweinelende
2 Pkt.Speck (Frühstücksspeck)
6 ZehenKnoblauch
Pfeffer

Zubereitung

Kleine Taschen in die Lende schneiden und mit halben Knoblauchzehen spicken.
Lende pfeffern aber nicht salzen und ganz mit dem Speck umwickeln.
Nun legen Sie die Lende auf den Holzkohlegrill und wenden diese alle 5 Minuten, bis der Speck kross ist.
    Fertig!

Gegrillte Avocado

Zutaten
300 g Tomaten
1 TL Tabasco
2 EL Worcestersauce
5 EL Olivenöl
4 Stiele Koriandergrün
2 Avocados
1/2 Limette, den Saft davon
Salz und Pfeffer
Zucker

Zubereitung

Schneiden Sie die Tomaten in kleine Würfel.

Tabasco, Worcestersauce und 4 EL Olivenöl verrühren, mit Salz und 1 Prise Zucker würzen. Koriandergrün grob hacken und untermischen.

Die Tomatenwürfel nun in die Sauce geben.

Die Avocados längs halbieren und den Kern entfernen.

Die Avocadohälften mit Limettensaft und 1 EL Öl bestreichen, salzen und pfeffern.

Mit der Schnittfläche nach unten auf den nicht zu heißen Grill (oder Grillpfanne) legen und 4-5 Minuten grillen, wenden und mit den Tomatenwürfeln servieren.

Schaschlik aus dem Kaukasus

Zutaten
1 kg frisches Nackenfleisch von Schwein, Rind oder Lamm
3 Gemüsezwiebeln
500 ml Milch
1 Schuss Essig
1 Kiwi
Salz und Pfeffer
etwas Tomatenmark

Zubereitung

- Schneiden den Nacken in nicht zu kleine Würfel.
- Die Zwiebeln halbieren und in halbe Ringe schneiden.
- Tomatenmark, Salz, Pfeffer und einen Schuss Essig mischen und mit der Hand in das Fleisch gut einmassieren.
- Alles in eine große Schüssel geben und mit der Milch auffüllen. Zugedeckt über Nacht im Kühlschrank einziehen lassen.
- Am nächsten Tag die Marinade abschmecken und eventuell mit Salz und Pfeffer nachwürzen.
- Ca. 2 Stunden vor dem grillen die Kiwi schälen, in kleine Stücke schneiden und in die Marinade hinzugeben und ebenfalls in das Fleisch

einmassieren. Die Kiwi nicht zu lange (max. 2 Stunden) in der Marinade lassen, da sonst das Fleisch zu weich wird und vom Spieß fällt.

- Anschließend das Fleisch auf Spieße ziehen und grillen. Kurz vor dem Verzehr mit Essigwasser beträufeln.

Tipp: Sehr lecker schmeckt auch, frische Zwiebelringe in leichtes Essigwasser einzulegen und zum Schaschlik servieren.

Gegrillte Schweinelende

Zutaten
1 Schweinelende
2 Pkt. Speck (Frühstücksspeck)
6 Zehen Knoblauch
Pfeffer

Zubereitung

- Kleine Taschen in die Lende schneiden und mit halben Knoblauchzehen spicken.
- Lende pfeffern aber nicht salzen und ganz mit dem Speck umwickeln.
- Nun legen Sie die Lende auf den Holzkohlegrill und wenden diese alle 5 Minuten, bis der Speck kross ist.
- Fertig!

Fetapfanne vom Grill

Zutaten
2-4 Pck. Schafskäse (Feta)
8 Knoblauchzehen
6 EL Olivenöl
2 Tomaten
1 Zwiebeln
1 Lauchzwiebeln
Pfeffer

Zubereitung

- Streichen Sie eine Alu-Grillschale mit Olivenöl aus.
- Auf den Boden wird gehackter Knoblauch (3- 4 Zehen) gestreut.
- Je nach Größe der Aluform, 2 -4 Schafskäse vierteln und in die Aluform legen.
- Den Schafskäse mit Olivenöl dünn bestreichen. Dann vorsichtig mit Pfeffer würzen. Falls sie den Käse salzen möchten, seien Sie bitte vorsichtig, denn der Schafskäse ist schon sehr salzig.
- Die Tomaten in Scheiben schneiden und auf den Käse verteilen.
- Die Zwiebeln, ein paar Lauchzwiebelringe und noch einmal 4- 5 Knoblauchzehen fein hacken und auf den Schafskäse verteilen.

- Alles mit Olivenöl beträufeln. Zum Schluss wird die Form mit Alufolie verschlossen.
- Das ganze nun für ca. 10 Minuten auf den Grill.

Rosmarinkartoffeln

Zutaten
500 g kleine Kartoffeln
2 Knoblauchzehen
4 Zweige Rosmarin
50 ml Öl
2 Spritzer Zitronensaft
1 EL Honig
1 EL Senf
Salz und Pfeffer

Zubereitung

- Die Kartoffeln gut abwaschen und anschließend ungeschält in Salzwasser kochen.
- Schälen Sie den Knoblauch und hacken ihn fein.
- Die Rosmarinnadeln von den Zweigen lösen und in kleine Stücke.
- Alle weiteren Zutaten mit dem Öl vermengen.
- Nun gibt man die noch heißen Kartoffeln in die Marinade und lässt es abgedeckt ziehen. (je länger desto intensiver wird der Geschmack!). Anschließend kann man sie z.B. auf Spieße stecken und grillen.

Tipp: Kartoffeln abwechselnd mit Gemüse oder Fleisch aufspießen.

Singapore Rippchen

Zutaten
2 TL Sesamöl
1 TL frischer Ingwer, fein gehackt
4 Zehen Knoblauch, zerdrückt
2 EL helle Sojasauce
2 EL Reiswein, ersatzweise Sherry
1/2 TL Fünf-Gewürz-Pulver
2 EL Honig
1 TL Sambal Oelek
1/2 TL Salz
1 1/2 kg Rippchen vom Schwein, in einzelne Rippen zerteilt
1 EL chinesischer Schnittlauch, gehackt
2 Zitronen, in Stücke geschnitten

Zubereitung

- Sesamöl, Ingwer, Knoblauch, Sojasauce, Reiswein, 5-Gewürz-Pulver, Honig, Sambal Oelek und Salz in einer Schüssel mischen.
- Die Rippchen dazu geben und rühren, bis sie von der Marinade komplett überzogen sind.
- Zugedeckt über Nacht oder mindestens 4 Stunden marinieren lassen.
- Holzkohlegrill in Gang bringen und die Rippchen mit Öl eingefettet auf dem Rost grillen. Dabei die Rippchen alle 15 Minuten mit der Marinade

bepinseln, bis die Rippchen dunkelbraun und knusprig sind.

- Mit Schnittlauch bestreut und mit Reis und Zitronenstücken servieren.

Barbecue-Soße, hausgemacht

Zutaten:
300ml Ketchup
300ml Cola
40ml Apfelessig
2 EL Worcester-Sauce
2 TL Chilipulver
1 Zehe Knoblauch
1 EL Honig
Salz, Pfeffer
evtl. Whisky.

Selber kaufen kann jeder, aber selbstgemacht schmeckt es noch viel besser. Natürlich können Sie dieses Grundrezept auch etwas variieren, wenn Sie statt des Honigs Ahornsirup oder statt des Chilipulvers Chipotle-Pulver nehmen oder mit den verwendeten Spiritousen experimentieren.

Zubereitung:
Alles in einen kleinen Topf geben, langsam bei ganz sanfter Hitze 30 Minuten köcheln lassen und immer wieder umrühren.

Honig und den Whisky erst am Schluss zum Abschmecken hinzugeben.
Abkühlen lassen und servieren.

Cole Slaw

Zutaten:

½ Kopf Weißkohl

2-3 Möhren

ugf. 3 EL Mayonnaise

ugf. 2 EL Apfelessig

Aus einer gewissen Schnellimbisskette ist diese Art von Kohlsalat möglicherweise schon manchen bekannt. Weniger bekannt ist, dass Sie den auch ganz einfach zuhause zubereiten können und er mit seinem frischen Aroma unheimlich toll zu allem möglichen Grillgut passt.

Zubereitung:

Den Kohl und die Möhren schneiden in Streifen schneiden.

Das Ganze mit der gewünschten Menge Mayonnaise und Apfelessig würzen

Beef Brisket texanische Art

Zutaten:
1 Rinderbrust (4 bis 6 kg, vorbestellt vom Metzger)
Räucherholz nach Wahl

Zutaten für die Marinade
(die mit einer Marinadenspritze direkt ins Fleisch gespritzt wird!):
200ml Apfelsaft
50ml Sojasoße
1 TL Knoblauchpulver

Zutaten für den Rub:
1 TL Salz
1 TL Pfeffer
1 TL Knoblauchpulver
1 EL Chipotle-Pulver (Pulver aus geräucherten Chilis; im Fachhandel oder Internet erhältlich)
1 EL Kreuzkümmelpulver
1 EL Paprikapulver, rosenscharf
Barbecue-Soße (Rezept siehe unten bzw. nach Wahl)
Nun geht es wirklich ans Eingemachte! Beef Brisket bzw. geräucherte Rinderbrust ist die hohe Schule des Barbecues, und außerdem auch eine Angelegenheit, für die Sie wirklich viel Zeit mitbringen müssen und angesichts der großen Mengen Fleisch am besten auch gleich alle Freunde und Bekannten einladen. Dafür wird Ihnen danach niemand mehr den Titel des Grillkönigs streitig machen. Funktioniert am besten im Smoker,

geht aber auch im Kugelgrill.

Zubereitung:
Überschüssiges Fett von der Rinderbrust abtrennen. Marinade in das Fleisch spritzen. Den gut vermischten Rub großzügig auf die Rinderbrust auftragen und einmassieren.
Smoker bzw. Grill mit indirekter Hitze vorbereiten, sodass eine Temperatur von 107°C erreicht wird. Rinderbrust in den Smoker bzw. auf den Kugelgrill geben, Räucherholz auflegen und anschließend 14 Stunden lang (sic!) garen lassen, bzw. bis das Fleisch eine Kerntemperatur von 87°C erreicht. Zwischendurch immer die Temperatur überwachen, ggf. Kohlen und Räucherholz nachlegen.
Nach Ende der Garzeit vom Grill nehmen und mindestens 30 Minuten lang ruhen lassen. In Scheiben schneiden, mit Barbecue-Soße, Brot und ggf. sonstigen gewünschten Beilagen servieren.

www.ingramcontent.com/pod-product-compliance
Lightning Source LLC
Chambersburg PA
CBHW071829080526
44589CB00012B/956